从100元到100亿元的
商业秘诀

边界

商业模式创新

赵玉琦 著

中国纺织出版社有限公司

内 容 提 要

本书主要讲述现代企业商业模式的创新方法与创新经验。全书共分为四大部分：第一部分介绍本书命名边界的原因在于行业边界正在消失；第二部分介绍商业模式的概念和内容，以作者亲身实操的汽车智能盒子、智能电热毯案例为深度分析内容；第三部分介绍商业模式的六要素，分别是定位、交易系统、盈利模式、现金流、资源及企业价值；第四部分介绍典型案例，包括上岛咖啡、美盛文化等。本书旨在为企业管理者提供关于商业模式的多维度思考，为企业商业模式优化升级提供发展范式。

图书在版编目（CIP）数据

边界：商业模式创新／赵玉琦著．--北京：中国纺织出版社有限公司，2021.1

ISBN 978-7-5180-8132-5

Ⅰ．①边…　Ⅱ．①赵…　Ⅲ．①商业模式—研究　Ⅳ．①F71

中国版本图书馆 CIP 数据核字（2020）第 211434 号

策划编辑：史　岩　　　责任编辑：段子君

责任校对：高　涵　　　责任印制：储志伟

中国纺织出版社有限公司出版发行

地址：北京市朝阳区百子湾东里 A407 号楼　邮政编码：100124

销售电话：010—67004422　传真：010—87155801

http：//www.c-textilep.com

中国纺织出版社天猫旗舰店

官方微博 http：//weibo.com/2119887771

三河市宏盛印务有限公司印刷　各地新华书店经销

2021 年 1 月第 1 版第 1 次印刷

开本：710×1000　1/16　印张：11.5

字数：123 千字　定价：48.00 元

推荐词

商业模式关乎企业的兴衰成败，一家成功的企业必定有好的商业模式。赵老师行走万里，立足产业前沿，通过商业模式创新的系统阐述和精品案例分析，为企业家朋友呈现了现代商业的盛大画卷和全新视觉。

——生意汇创始人　余亿万

今天，跨界与融合已是大势所趋！打破商业边界的局限需要模式创新。学习商业模式不能简单地套用拷贝，通过对于案例的体察才能尽得其髓。“从实践中来，到实践中去”，《边界：商业模式创新》令我们耳目一新！

——中国管理科学学会副会长兼秘书长　张晓东

商业模式，中国一直走在创新的路上。做事业，较做生意和做企业而言，更需找到有选择价值、传播价值和实践价值的商业模式途径；无论选择平台模式、生态链模式和产品模式，都应去打破企业和行业的边界，从商业模式创新的维度去发掘企业的长期竞争力。

——富士康集团全球采购总处经理　鲍三华

多数行业的变化都源自背后价值体系及认知行为的颠覆式创新，这其中商业模式创新尤其重要，更是企业生存与发展的根本。笔者通过丰富翔实的案例，从商业模式的策划、实践到复盘的全过程多角度展开描述，耐人寻味，深中肯綮。对读者今后工作时理解、思考和实践商业模式的过程大有裨益。

——阿里巴巴商学院特聘讲师、钱塘鲲鹏会特聘讲师

马来西亚LOLOL公司联合创始人　范思哲

商业模式这样一个熟悉的名词，对大部分读者来说却很难分解明白。这本书用案例的方式给大家进行通俗的分解，这可以为初创者和企业家，梳理自己企业的商业模式提供便利的帮助。

——零点有数创始人　袁岳

一口气读完了整本书，可读性非常强。商业模式创新是一种方法，更是一种思维，需要打破“边界”。作者将自身丰富的实战经验，用通俗易懂的语言，在案例故事的讲述中，让读者理解了商业模式创新的内涵和六大要素，没有枯燥乏味的理论教条，只有案例中精彩商战之悟道，值得商科的学生和企业家品读。

——浙大城市学院商学院工商系系主任　邬家瑛

赵玉琦老师的新作《边界：商业模式创新》是没有边界的，跨界了、打通了、吃透了，倾心给你解说！可谓学而不厌，诲人不倦，锲而不舍，大道匠心，实际联系理论比理论联系实际更重要！特别接地气，非常有干货，鲜活、生猛！了然、通透、彻底！还有不时的棒喝，掏心掏肺，读来动容。

——上海交大安泰学院　陈志云

贝贝拉姆实践社群经济，辛勤付出，才有了今日的一点点成就，发展过程中，深知商业模式对企业高速发展的支撑作用。赵老师是从江浙市场走出来的实践专家，书籍分享的也是一手案例经验，对做新经济的企业具有极大启发价值。

——贝贝拉姆母婴董事长　邢品玲

《边界：商业模式创新》作者赵玉琦是我的挚友、忘年交。专注、专业、自律是他求知的路径；知道知行合一是他职场做人、谋事一贯的风格。“知其然还要知其所以然，知其所以然还要绝知此事要躬行”的韧性、勇气、霸气，使《边界：商业模式创新》的读者在书中能看到中国、看到世界，看到成就大智慧的自己。价值链、产业链、生态链构成的新商业创新模式。无论你是00后、还是我这个50后，读《边界：商业模式创新》，它是我们在商言商的一面镜子、补脑、补心、受益无穷。

——雀巢中国区前市场总监　陈宝庆

自序

笔者作为营销与战略咨询顾问，已深耕行业二十载，成稿前之所以能在熟人圈里实现预售，凭借的是朋友们的了解，知道知行合一是笔者的一贯风格。知其然还要知其所以然，知其所以然还绝知此事要躬行。本书不仅启发思维，还提供务实的方法论。

现在市场上也并非没有关于商业模式的著述。但由于种种原因，如译本翻译的问题；列举案例与国内读者的相关性差；理论体系相对完备，但案例分析太过空泛；作者缺乏甲方深度咨询经验，导致理论无法支撑落地等，都很难使读者收获真正可落地实操的经验。

我期望通过本书，成熟企业可以优化自身的商业模式，初创企业可以形成自身的商业模式，地方政府也可以通过商业模式创新地启发形成地区的产业发展范式。

改革开放以来，国内企业对价值链流程的各要素都愈加重视，例如，成本与技术、市场与金融、供应链等，但大都缺乏有效地整合创新，因为这需要商业模式的助力。以美国为例，不仅拥有全球最具创新活力的硅谷，还创造了全球主流的商业发展模式。所以说我国企业乃至产业要转型升级，商业模式升级至关重要。

本书编写及出版的目的，就是期望企业家及经营管理人员，能够多维度思考，因为商业模式是企业发展的必修课。同时，本书对于从事商业工作的学子以及经济领域的政府公务员来说，也是较好的辅助材料。

赵玉琦

2020年9月1日于上海

前 言

商业模式重构行业边界

行业边界是人心的自我设限！

是什么力量让创业九年的小米进入世界500强？

IBM到底属于什么行业，现在又该如何翻译，还叫国际商用机器公司吗？

是什么让一个帆船运动爱好者在中年时进入数据库行业，并成就了今天的Oracle（美国甲骨文公司）？

为什么阿里巴巴集团好像什么行业都有去涉及？

为什么互联网人王兴做了最大的餐饮公司美团？

GE到底是大型制造业集团还是大型金融公司？

京东是物流企业还是电子商务公司？

猪八戒平台的设计师到底是公司还是个人？

苹果手机究竟是手机还是生活服务平台抑或两者都不是？

沃尔玛是数字化供应链还是商品流通的终端？

耐克到底是品牌管理公司还是供应链管理公司？

VR/AR（虚拟现实/增强现实）构造的到底是虚幻的还是实际的？

区块链凭什么可以去中心化？

逻辑思维频道是媒介公司还是知识付费平台？

……

过去提到行业，首先想到的是边界。常说“隔行如隔山”，行业的界限在过去泾渭分明，然而随着技术的创新，行业的界限越来越模糊，让人的心智产生了混沌感。

例如，当我们走进植物园，会告诉小朋友：这是灌木，那是乔木，这是红叶石楠，分别属于什么科目。而小朋友却反问道，这不就是植物园吗？

现在提到行业，首先想到的是：基于什么资源，遵循什么标准，提供什么产品，创造什么价值以及与其他行业的区别。

由商业文明沉淀的思维模式背后的价值体系，支撑我们寻求确定的、分类清晰的、结构稳定的、充满安全感的认知、思维及行为模型。但根据东方哲学思想，天、地、人本为一体，却又为何将本为整体的万物分门别类、抽丝剥茧，建立行业壁垒，按照工作树模型（管理学上的一种分类分级的项目管理模型），从根目录到次级目录，不断在纵深领域的路上狂奔，却不肯抬头看路，找寻事物之间的关联性？因为从人性角度出发，首先是横向连接没有安全感，其次是既有模式依然有利可图。而改变认知的背后是改变商业价值观，于是“做一行爱一行”就成了多数人的口头禅。

然而就在当下，新商业物种正快速冲击着传统行业的边界。以互联网企业为代表的群体，提倡“连接”的新价值观，强调生态融合、管理思维跨界应用和资源的整合再造。阿里巴巴虽然没有在你的商铺对面做生意，却悄无声息地打破了“一铺养三代”这句地产经典语的信条。苹果也没有与其他品牌进行手机功能的纵向比拼，而是重新定义了连接的对象和服务范围，将商业模式进行迭代，在新赛道上一骑绝尘。

当下，很多人都将创新归因于能和TMT行业发生“连接”，而传统行业，如工业品加工、能源开采、材料开发、装备制造等从业者依然认为，这些都与自己无关。其主要论述依据是：自身所在行业目前不存在互联网、通信行业的业态颠覆性技术，行业结构很稳定，不存在也不需要跨界融合。然而，事实真的如此吗？为什么制造业要向制造服务业转型？以航空发动机制造工厂为例，如果不改变传统交易模式，不采用金融租赁或者分期付款模式，就要面临客户订单萎缩，市场占有率下滑的结果。

根据SCP（即市场结构—行为—绩效，一种产业分析法）法分析，“连接”不是指技术，而是指新的企业经营价值观，以及基于这种价值观带来的新的经营理念和行为，从而产生新的业绩增长。基于全新的增长逻辑，才有了各类商业新物种。

笔者期望通过本书，能够告诉一些读者，已经习惯了这么多年的“边界”行为，现在或许是时候要做出改变了。

在乔布斯演讲之前，我们无法想象“黑T恤+牛仔裤”的演讲是那么迷人；在iPad横空出世时，我们还听不懂乔布斯说的iPad不是PAD，而是iPad（因为IPA是有书有音乐的内容平台，也是有应用开发商的软件生态平台）；在iTunes推出前，即使在重视知识产权的欧美市场，也拿盗版没办法，而在苹果生态里，原创音乐却实现了0.99美分每首的售卖奇迹……

就我们自身而言，出生时的标签（边界的通俗化表达）便跟随一生，身份证ID会告诉你是哪里人、什么时间出生、编码是多少。然而身份证不会告诉我们，作为“人”本身究竟意味着什么，个人的潜能是什么。当我们进入商业世界，便被上司告知，什么是产品、公司、行业，但上司却不会告诉你，商业本身究竟意味着什么。清晰的行业边界让你掌握管理技能，但你可曾考虑过那些我们未知的、已经丧失的机会成本呢？

拉里·埃里森32岁之前，还在探索混沌人生路，并在人生低潮时离婚。然而数年后，这个优秀船类运动爱好者却变成了全球最好的数据库企业的创始人，服务企业及G端市场（特指政府业务端），形成了稳健的数据库开发及托管维护服务。

在此，我想表达的是，对于多数行业的变化，大家更愿意归因于技术和市场，而不是其背后价值体系及认知行为的颠覆。

行业本就不存在边界，是基于“安全感”需要的人心的假设。而现在的问题是经营管理者们已经充分意识到了行业界限的混沌，却苦于没有办法跨界融入新时代，只能在生态日益恶化的传统赛道上坚持。大部分企业家把跨界条件限定为资源，这是值得商榷的，因为比起企业初创期，现在的资源肯定更充分，包括产品设计与研发能力、市场网络关系资源等。

固守行业边界的另一个原因是还有利可图。我就认识一个工厂老板，从2008年金融危机到如今的中美贸易战，一直都在抱怨文具产品薄利，难以为继，但却依然在苦苦支撑。用该老板的话就是："不做这，还能做什么？"能坚持下去的原因无非就是从以前的两分利到现在的保本就好。但事实上，可选择的路不是没有，例如跨界联合IP打造产品升级；深耕国内市场做品牌；投资劳动力成本更具竞争优势的市场，等等。可能选择哪条路都有风险，但比起初创的开山之勇，企业逐渐保守、忧虑创新的风险更胜过守成的前景堪忧。

另外，"去边界化"难落地的原因还在于缺乏创新的价值体系的支撑。腾讯在决定支持微信产品成长时，深刻明白移动互联网时代已经到来，而且一定会冲击原有的QQ市场，但依然决定赛马不相马，支持张小龙的产品团队继续开发。多年前，在《基业长青》这本畅销书中，作者比尔·柯林斯曾就企业生命周期与产品生命周期的关系，做了非常翔实的论述：企业要不断开发新产品，并充分享受每个产品的生命周期带给企业的发展红利，而不是固守某一个产品。因为时代在发展，技术在进步，不会存在长期不变的产品，变化才是永恒的主题，无数产品的生命周期铸就了企业的基业长青。

同样的道理，在手机行业，却演变为另外一个版本。

诺基亚（芬兰著名通信及设备商企业）在最后几年，销售数量在增长，客户满意度却不断下降。诺基亚早已意识到苹果的竞争力，也在技术上储备了不少专利，但最终却因为传统手机市场的巨大利润，温水煮青蛙，失去了变革的勇气，也失去了新的赛道和新的手机市场。价值体系不仅是利益的博弈，还在于对新时代商业物种的看法。上文提到连接，区别于传统行业强调的分工、垂直化的专业主义概念。在新一轮的市场变化中，日本及欧洲的部分企业受制于价值观，导致企业在拥有资金、资源、技术、人才等优势的前提下，依旧未能在新时代竞争中抓住机遇，导致在互联网市场铩羽而归。

既然行业与行业的融合是大势所趋，那么如何驾驭新环境下的新商业物种的发展？“政产学研金”（政府、产业、学院、科研院所、金融的缩写）各界人士都知道要在变化中求发展，道理都懂，但实际又该如何发展？是完全抛开资源禀赋优势吗？抛弃原有的赛道？还是彻底进行自我否定而去邯郸学步？

答案显然是否定的。因为一刀切的发展论，不切实际且风险巨大。务实的方法是什么？那就是商业模式创新。

商业模式是关于交易结构的学问，也是所有经营者的必修课！

成熟的企业都有相对稳定的商业模式，初创企业也在积极完善自身的商业模式，但对商业模式理解的偏差，会影响企业正确使用商业模式。

首先，对企业经营管理理解的谬误。管理学大师彼得·德鲁克不断强调，一切管理的目的在于提升企业的经营效益。所以离开经营谈管理的管理学、管理经验，是没有任何意义的。而衡量管理的唯一标准，在于有效和无效。但令人遗憾的是，目前市场上充斥着离开经营谈管理的现象，例如“搞定人力资源就搞定一切”“财务管理就是企业经营”“精益生产再造丰田”……各类割裂经营谈管理的“名家大师”层出不穷，还有很多缺乏理论和实践的江湖郎中、成功学之父放言高论，话都没讲透就问企业家学员“你懂了吗”。

每个大师都在给企业卖药，可治各种市场病症的“灵丹妙药”。但现实是，培训大师来了又走，企业经营却依旧是遍地鸡毛。另一方面，咨询顾问头痛医头，脚痛医脚，最终还是解决不了经营业绩的问题。而被“欧风美雨”“土方子”教育过的企业家也越来越迷茫，继而彻底否定咨询的作用，仅靠自身经营摸索，不借鉴他山之石的经验，硬抗下了巨大的试错成本。

其次，对商业模式概念理解的谬误。很多人认为商业模式就是盈利模式，核心就是抓收入、控成本，实现增效的目的。这种说法显然是有失偏颇的，如果定位失误，交易结构有问题抑或现金流及资源不支持，也会导致企业处在错误的赛道上，最终南辕北辙，业绩犹如缘木求鱼而不可得。也有另一部分人认为，商业模式就是销售套路，利用人性的弱点，使企业迅速发展，不能产生杠杆效应的就不是好的商业模式。以保健品微商为例，就是分润级别缩小并线上化的营销模式，如果简单认为商业模式就是赚钱的套路，不懂得商业模式必须符合产品是一切商业价值的原点的道理，最终也将很难长久。

本书的价值在于，通过分析案例，让读者领悟并掌握可落地的商业模式方法论。本书共分四部分：

第一部分，命名边界的原因解释。行业边界在逐渐消失，有技术、经济和消费价值观变化等方面的原因。例如，以前的微笑曲线是技术和市场，现在变成了供应链和消费流量。各行各业跨界融合，新的商业物种将应运而生，对企业而言，这是新一轮的财富机遇。

第二部分，选取我自身亲自实操过的汽车智能盒子、智能电热毯的案例，解释商业模式的概念和内容。商业模式是关于交易结构的学问，企业经营的三个支点在于收入、成本及风险。商业模式就是将这三点拆分到最小单元，然后重新排列组合，寻求最具性价比的经营路线。商业模式将从客户、产品、资源及财务四个方面梳理，并帮助初创企业形成自身的商业模式，成熟企业优化商业模式。

第三部分，从商业模式的六要素：定位、交易系统、盈利模式、现金流、资源及企业价值着手，结合案例阐述如何借助方法论搭建可落地的商业模式。本部分的特点在于每个案例都力求讲精讲透，让读者真正掌握案例背后的落地方法论。

第四部分，为了加深读者对商业模式落地方法论的掌握，本部分主要列举了多个案例，包括视频流媒体奈飞、国有资本运营标杆淡马锡、本土企业IP运营的美盛文化等，期望读者能从中领会到商业模式落地的精髓。

赵玉琦

2020年9月

目录

第一章 商业模式的定义

第一节　商业模式的概念 / 2

第二节　透过案例学习商业模式 / 3

第三节　商业模式的内容 / 10

第四节　商业模式创新的价值原理 / 11

第二章 定位

第一节　什么是商业模式中的定位 / 14

第二节　商业模式好坏的衡量标准 / 15

第三章 业务系统

第一节 什么叫业务系统 / 28

第二节 业务系统案例 / 32

第四章 盈利模式

第一节 盈利模式的概念 / 40

第二节 盈利模式的作用 / 41

第三节 盈利模式的内容 / 42

第五章 现金流

第一节 什么是现金流 / 50

第二节 基于现金流设计商业模式 / 52

第三节 现金流是检验商业模式优劣的标准 / 55

第四节　基于现金流设计企业金融工具 / 57
第五节　企业价值的最大化的现金流设计 / 58

第六章 关键资源能力

第一节　资源的种类 / 66
第二节　关键资源能力 / 67
第三节　资源的 VRIO 特征 / 69
第四节　商业模式相似程度决定竞争程度 / 70
第五节　商业模式与企业战略规划的关系 / 73
第六节　关键资源如何转化成企业的竞争优势 / 76

第七章 企业价值

第一节　什么是企业价值 / 80
第二节　基于商业模式角度认知和打造企业价值 / 83
第三节　商业模式的会计核算 / 86

第八章 / 启发案例

淡马锡：国企商业模式改革标杆 / 94

贝贝拉姆：新零售奇迹 / 104

固安捷：如何在巨大的工业品 MRO 市场淘金 / 115

美盛文化：掘金大 IP / 125

Netflix: 我的竞争对手不是 HBO，也不是迪士尼，而是你的睡眠时间 / 132

上岛咖啡：连锁加盟模式失灵了吗 / 142

GE: 产融结合全球标杆 / 148

博威合金：利基战略的践行者 / 154

后　记 / 159

第一章

商业模式的定义

第一节　商业模式的概念

商业模式到底是什么？就是关于研究交易结构的学问。

通俗来讲，经营一家企业需要收入、成本和风险三个关注点，分解这三个点的组成要素，重新优化组合，就形成了新的经营业务方法。

市面上对商业模式的理解，可谓千人千面。但直到拜读了清华大学魏炜、朱武祥老师的商业模式六要素理论，笔者才有了相对清晰地理解。与"魏朱理论"有所区别的是，这六要素融合了笔者多年的实践经验和切身体会，如图1-1所示。

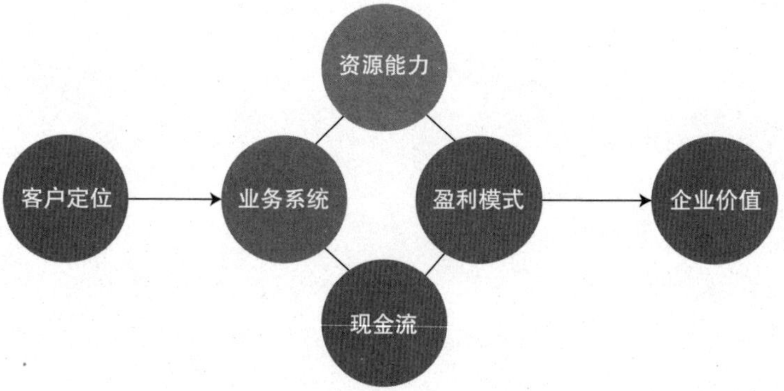

图1-1　商业模式六要素

第二节　透过案例学习商业模式

一、智能车载OBD盒子

（一）案例背景

2015年，我接到了一个做汽车后市场老板的需求，其公司是做智能家居和智能汽车后市场生意的，但都亏损了。细问之下，了解到其主要是做汽车App，将一个小盒子安装在汽车上，就可以通过手机App远程控制汽车空调的开关（图1-2）。使用场景包括，夏天提前对车内环境进行制冷、远程定位、远程启动引擎、汽车报警等。

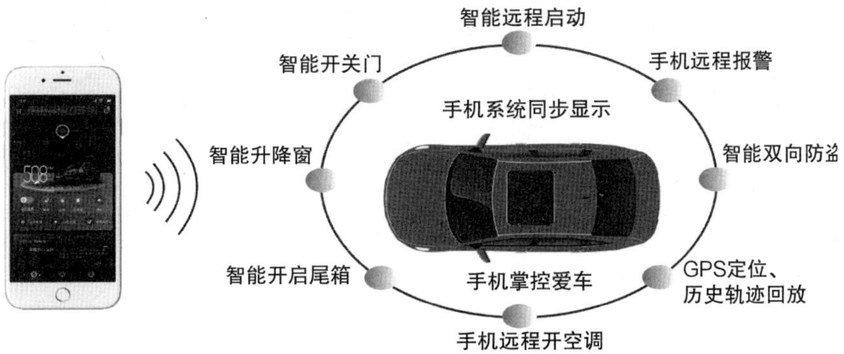

图1-2　汽车智能盒子功能图

产品是找其他公司进行代加工，其公司主要是做软件程序的开发。最初的商业模式是传统的经销代理制，产品软硬件成本大概在800元，通过在各省市找一、二级代理商，由二级代理商开发所在区域的汽车4S店、汽车修理店等。层层发展下来，最终的市场价为4800元一套。

由于前期缺乏推广，没有品牌效益，大部分代理商只是顺带卖一卖，导致几个月只有几百套的销售额。在这个过程中，公司自身团队建设也不专业，加上对汽车后市场的不了解，导致公司一度处在生死存亡的边缘。

（二）商业模式策划思路与步骤

1.分析及思路整理

面对这种情况，我制订了四步走战略，从公司最大的痛点着手。创业公司最关注的三个因素是什么？客户、团队、现金流！

公司刚起步的时候，最重要的就是客户。没有客户的时候，发愁找客户；有了客户，又发愁自己没有团队；而让人一直发愁的就是现金流。

这个老板最大的问题就是没有现金流！投资、贷款都不合适，因为没有好的项目，投资商没有理由投钱；去银行贷款，难度大周期长，而且不一定能审核通过。唯一的办法就是从顾客身上赚钱。

那么，既然要从顾客身上赚钱，就要分析顾客需求——制作消费者画像。分析哪种消费群体才是汽车智能盒子的顾客？他们具有怎样的消费者行为、消费者习惯？

通过分析，我们可以得出：高档车不是目标客户群体，因为系统本身自带这些功能；而中低档车主，消费观念往往偏理性，也不是这个产品的主要消费人群。

再结合对杭州、嘉兴、湖州、宁波、台州、温州、吴锡、常州、苏州这九个城市的抽样调查，我们发现消费者对这个产品其实是有需求的，但他们认为近5000块钱的价格有一点不划算，因为这款产品并不是刚需。

2.策划步骤实施

步骤一：分期付款。

首先，把原来一套4800块的线下销售模式改为互联网销售，去掉中间的代理商和经销商，将产品价格降至2000元左右，直接通过4S店、洗车店把产品安装到顾客车上。

然后，进行分期付款，就是把2000多块钱分三年付，第一年3元钱一天，第二年2元钱一天，第三年1元钱一天，等于第一年只要付1095元就可以了，而且支持信用卡付款。

如此一来，大大降低了中低档车主选择这个产品的门槛。同时公司还承诺，如果安装后使用效果不满意，可以直接拆掉。短短一个月，在目标城市杭州和宁波就安装了1万套。为什么会出现这种局面？因为首先，一个智能盒子让普通车变成智能车，这个概念就很有吸引力。其次，车主在使用过程中，发现手机摇控汽车确实比钥匙开汽车有意思很多。

步骤二：平台模式。

一套产品才1090元，意味着公司存在资金缺口，于是，第二步就要开启平台模式。类似微信的钱包功能，打开可以直接进入京东、大众点评、话费充值的界面，这时微信就成了其他平台的入口。

那么，我们的App是否也可以借鉴这种模式呢？虽然目前App的用户数量只有一万多人，但都是有日活量的有效用户，于是我们开始尝试引进其他汽车后市场的平台。

首先合作的是一个做汽车保险销售的平台，确定双方合作方式：对方提供100万元的项目资金，我们将平台用户数据开放给对方，且每一位购买保险的车主都收取10元/位的流量费。双方达成一致后，开始进行宣传。

没想到，平台模式启动后，吸引了多个汽车后市场平台加入，不仅解决了公司资金缺口，也给公司团队带来了很大的鼓励和启发！

互联网环境下，企业的生存之道除了专业化，还有另一个商业模式，即平台化。

步骤三：众筹裂变。

到了第三步的时候，给公司做代加工的厂家看到这款产品的商机，于是开始进行模仿，因为工厂掌握着产品的大部分专利。至此，且不论这家工厂的行为是否符合道义，但须知，做生意，有时候不仅拼资本，更拼门槛，即“市场门槛”。

于是我们开启了分公司众筹模式。

在17个城市成立17家分公司，母公司占各地分公司法人单位51%的股权，剩下的49%给当地城市股东，这个股东可以是自然人，也可以是法人！但要想成为股东需满足2个条件：一是以产品成本价一次性购买200套货；二是在一个月之内，把这200个盒子安装到所在城市的汽车上面。众筹说起来容易，做起来难。如何做陌生人的股权众筹，首先要解决的问题就是：信任。

陌生人之间达成交易的核心就在于信任，那么如何解决信任问题？

分两步：

第一，在上海股权交易所挂新四板，成为一家有股票代码的公众公司。虽然新四板不具备交易流动性的价值，但这是由政府背书的，具有一定的公信力。

第二，借助名人效应。中小企业联盟在2015年开展全国走访活动，前联合国秘书长安南也参与了当时浙江的一场活动。于是，有个老板交了5万元入场费，带着自家产品与安南拍了一张合照。有了世界名人做背书，在之后的城市招商会现场对此进行合理应用，强化消费者信任。

有了政府和名人的背书，依托众筹模式，公司在一个月内又售出一万套产品。那么，这一万套真正的价值在哪里？那就是品牌广告价值！

步骤四：增值服务。

众所周知，在细分领域，拥有10万以上的粉丝基数且有一定日活量的App并不多。进入这个阶段，我们开始着手第四步，商品销售平台的打造。

将App打造成汽车后市场产品的综合性销售平台，采用积分+部分现金的售卖方式，建立三级分销体系。那么，可能有读者会问，大家为什么要到这个平台来买东西？原因有二：一是跳转成本，大家之所以选择微信缴费，是因为顺手，玩微信的同时就把话费交了，不用特意退出微信也无须跳转页面。同理，当用户打开App发现正好有自己需要的产品，也会顺手就买了。二是共享经济，消费者既是产品的使用者，也是利益的分享者。借助三级分销体系，消费者通过买和卖，既买到了东西，又分到了钱，何乐而不为呢？

总结这个案例，可用一句话概括：

同样的产品，不同的商业模式，经营业绩截然不同。

二、智能床毯

（一）案例背景

众所周知，电热毯是一个走下坡路的市场。因为在深圳、广州等城市，由于天气太热，大家都不用电热毯；而在北方城市，又家家有暖气，电热毯使用率也很低。只有在中部城市，例如浙江等地，人们才会使用。

据调查，电热毯的市场份额一年不到40亿元，做得最大的成都彩虹电器市场份额也只有8亿元，而且不仅是电热毯，还包括类似暖手垫、暖脚垫等延伸产品。目前数据显示，国内做电热毯的品牌已经有二十多个，更勿论电热毯的山寨基地，电热毯售价仅为30~50元。

当时有个客户做到了一亿的销售额，但都是外贸，给加拿大、美国最大的电热毯品牌商做OEM。但他无意中得知，这个品牌同时还在广东等多家企业做代加工，考虑到以后的发展，他觉得一定要建立自己的品牌和市场体系。

（二）项目分析及策划思路

首先是市场调研报告，分析当下的电热毯行业发展情况。

其次是商业模式测试报告，对电热毯重新定位为智能床品，在电热的基础功能外增加了9个功能。按照商业发展规划，智能床品将发展为三代产品：

第一代是感应类的，通过各种传感器实现。使用场景包括：压力传感器，适合分居夫妻和孩子睡觉监测；血压传感器，可实时监控父母血压情况；等等。

第二代是介入类，灵感来自打呼噜的介入式治疗。在枕头里加入声音传感器，在不吵醒人的前提下调整睡觉的姿势。实验证明，侧卧是有助于减轻打呼噜症状的。

第三代是社交类，如果智能床品可以收集人体数据，例如睡眠、血压、体重等数据，通过分析就可以进行延伸产品的精准营销，形成企业营销闭环或者直接转型做销售数据的平台。社交的意义则体现在睡眠数据及平台的共享上，亲友可实时在平台上进行交流互动。

引导产品更迭的原因，不是互联网，也不是技术，而是消费人群价值观的变化。而在初版的商业模式规划中，第一步是做京东众筹，因为其智能的定位符合京东的理念；第二步是做品牌旗舰店加微商引流的模式。

在项目落地过程中，客户内部还制订了一条规则：在公司内部，不能再叫电热毯，而是智能床品。如果违反规则，第一次罚款，第二次全厂通报批评，第三次直接开除！

从电热毯到智能床品，实际上是创造了一个新的品类，最大的好处就是突破了原有的空间和时间限制，将产品市场变成一个没有边界、充满想象力的市场空间，自然也会受到消费者、投资者以及政府的青睐！

第三节 商业模式的内容

商业模式包括什么内容？商业模式聚焦客户、产品、资源和财务四个模块，如表1-1所示。

表1-1 商业模式的内容

四大方面	九个要素	内容
客户	客户细分（Customer Segments）	对客户进行细分，确定公司目标客户
	渠道通路（Channe1s）	企业将产品和服务及价值主张传递给客户的方式和途径
	客户关系（Customer Relationships）	企业建立的和客户间的关系
提供物（产品/服务）	价值主张（Value Propositions）	公司提供给客户的受益集合或受益系列
基础设施	核心资源（Key Resource）	让企业商业模式有效运转所必须的最重要因素
	关键业务（Key Activities）	企业必做的重要等级事件
	重要合作（Key Partners）	企业与供应商、合作伙伴之间的关系
财务生存能力	收入来源（Revenue Streams）	通过一系列收入流让企业取得利润的方式
	成本结构（Cost Structure）	企业商业模式运转所产生的费用

四个模块又细分为九个要素，商业模式犹如一个战略蓝图，可以通过企业组织结构、系统和流程来实现。

商业模式的九要素相互作用、相互决定。同样的渠道可以拥有不同的核心资源、不同的关键业务和不同的成本结构等。相同的价值主张也不必通过相同的渠道通路去实现，商业模式只要有一个构成要素不同，就意味着是不同的商业模式。

事实上不仅如此，在动态变化的市场系统中，为了应对变化多端的新环境，商业模式也必须灵活多变。市场环境的变化和生产技术的发展，会使曾经成功的商业模式受到挑战。所以，新兴技术的推动、市场需求的改变、行业垂直整合、竞争对手的模仿、企业家精神等因素都可能推动企业进行商业模式的创新。

第四节　商业模式创新的价值原理

商业模式反映了企业如何创造价值、传递价值和获取价值。

包括：价值来源发现、价值挖掘、价值破坏、价值创造及价值集成。通常经过价值创新，会形成市场主流的三类商业模式类型：产品（服务）型模式、平台型模式、生态型模式，如图1-3所示。

本书将从商业模式六要素：定位、交易系统、盈利模式、现金流、资源及企业价值切入，结合案例，系统阐述商业模式落地的方法及应用。

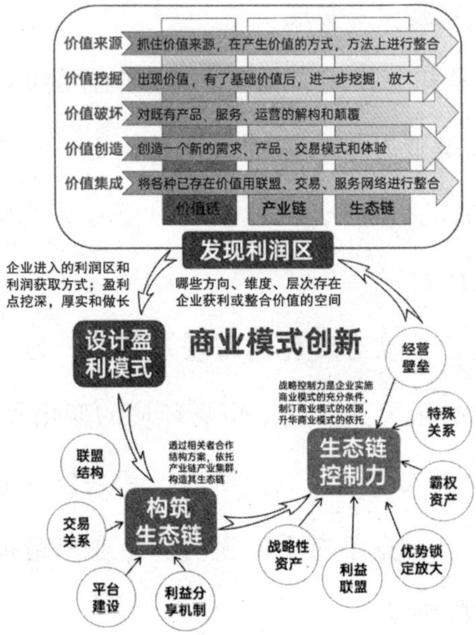

图 1-3　商业模式创新的价值原理

第二章

定位

第一节　什么是商业模式中的定位

一张桌子，一把椅子，都有其结构。一把椅子，有四条腿和一个台面，从而形成了椅子的基本结构。那么，对于传统的椅子，如何才能在红海市场取得更好的销售业绩？首先要对椅子的结构进行拆解，然后进行二次结构化，从而发现新的商业机会。例如椅子，将传统的固定不动的椅子腿，改成可以滑动的轮子，就成了新的椅子品类，深受办公室用户喜爱。

同理，企业的经营和管理也不是一成不变的。诺基亚坚持做传统按键手机，结果市场份额逐渐消失；苹果如果不开放，转型成为内容运营商、软件开发服务商，也不会有今天的苹果。

那么，商业模式中的定位到底是什么？

定位是企业满足客户需求的方式。众所周知，营销学上的定位是指用户画像，例如分析C端用户的收入、年龄、职业背景、家庭结构、购物喜好、消费态度以及消费行为等数据，最终汇总成为用户的数字画像，从而反哺产品，迎合消费者需求，改进产品的功能、形式、包装以及价格定位等。

除了C端用户，还包括B端的用户画像，例如，工厂对工厂、组织对组织，B端用户关注的主要是质量、价格、服务、交货周期，简称“QCDS”。

但本书关注的并非营销学定位，而是商业模式的定位，主要聚焦于企业满足客户需求的方式。

互联网电商平台催生了阿里巴巴，阿里巴巴又提升了电商平台的交易结构。其实在阿里巴巴成立之前，有很多类似黄页的电商交易网站，但当时所有的电商网站都没有很好地解决一个问题：契约问题。中国市场不同于欧美市场，契约精神比较薄弱，怎样才能让顾客付钱后安心拿到产品？这需要电商网站进行结构性的优化。

阿里最突出的价值是推出了支付宝模式。C端用户可以放心把钱放在平台，两周后，对产品感到满意，平台再把钱支付给商家，两周期间支持无理由退货。凭借这样的交易结构和商业模式的再定位，阿里巴巴脱颖而出。

第二节 商业模式好坏的衡量标准

衡量企业商业模式的交易方式，或满足客户需求的方式优不优秀，主要有两个标准：是否利于企业价值的最大化和交易成本最小化。如果二者之间的差值是正向最大化，那么，这就是企业进行商业模式再定位的唯一原因。

一、好的商业模式能降低交易成本

如果顾客要买某个服务或产品，那么过程中一定会涉及三方面的成本：搜寻成本、交易议价成本和产品使用成本。

1. 搜寻成本

以租房为例，在没有房屋中介之前，租房需要租赁者自行寻找，花费很多的时间、人力和财力成本，才有可能租到合适的房子。但有了房产中介之后，虽然对方会收取一定的佣金，但极大地降低了搜寻成本，不用花费大量时间沟通房主，了解小区周边环境等。

2. 交易成本

即购买过程中讨价还价的成本。以简单的买菜为例，在菜市场买菜可以讨价还价，但在大型超市就不行。那为什么还有很多消费者选择到沃尔玛、家乐福等超市买菜呢？因为节省了交易成本。

例如，猪肉价格一直在涨，市场行情一天一个价。那么在不清楚行情的情况下，去跟猪肉贩讨价还价，显然是不明智的。但如果选择去标准的商业超市买，虽然不能保证是最便宜最好的，但至少不会买亏。

由此可见，不同的交易需求会驱动新的商业模式产生。

3. 使用成本

即执行成本，企业用交易的方式满足顾客的需求，在把价值交换成价格的过程中，是存在执行成本的。反之，消费者在买到产品后，也需要付出一定的使用成本。例如，银行购买了华为、IBM的服务器，因为银行不是专业的IT设备厂商，一旦设备出现问题，需要更换或维修，就产生了使用成本。

此时，银行有两种选择：一是自建工程维修部，二是委托给第三方代运营。二者都需付出使用成本，但相较于第三方代运营，自建维修部涉及的成本更多，例如招聘、备品备件的购买、厂房建设等，这些已经偏离了银行的主业。但如果设备的维修维护交付给华为或IBM公司，那么软件公司就变成了银行服务器托管商，银行虽说为此支付了额外成本，但从总体来讲，极大地降低了使用成本。

综上所述，商业模式再定位的另一出发点就是成本：搜寻成本、交易成本和执行成本。

二、好的商业模式创造更高的价值

节流不是创收的唯一方式，更应该考虑的是开源，创造更高的价值。这也是进行商业模式再定位的第二个标准：创造更高的价值。

之前服务过的一个客户，是中国最大的工程机械制造商之一——中联重工，其商业模式很清晰也很简单，就是把挖土机、装载机、混凝土浇灌机、起重机卖给工程公司，钱货两讫，交易结束。

但随着国家政策变化，大型工程商购买新的工程机械的需求下降，导致中联重工的生意下滑，机器造出来却卖不出去。

对此，为了避免资金的占用，中联开启了金融租赁业务，提供分期购买和按工时租赁两种模式，用户可按需选择。于是，在宏观经济形势下行、投资需求下滑、工程市场萎缩的市场环境下，中联重工通过租赁交易结构的创新，业务依然保持稳健增长。虽说整体市场的容量在萎缩，但凭借灵活的交易结构，快速抢占市场份额，保证公司可以快速发展。

中联重工案例印证了一句话：没有不好的行业，只有不好的企业；没有不好的企业，只有不好的商业模式的企业。

三、企业定位的方向

通过重构企业的定位和商业模式，来满足客户需求。那什么时候需要重构企业的定位？又该如何重构？

1.时间维度

根据企业发展阶段，调整商业模式的定位。企业有不同的发展阶段，每个阶段都会有不同的机遇。所以，第一个进行商业模式优化的最好节点，就是在企业的起步阶段。经过一段时间的发展之后，客户、现金流、团队、产品等基本要素对企业造成不同程度地影响，此时就是进行商业模式优化的第一个关键节点。

第二个节点是企业经过高速发展期，出现发展瓶颈，规模收益、边际收益开始递减的时候。

第三个节点，企业已经实现了一定程度的市场垄断和相对的市场占有率，细分领域已经饱和的情况下，可以进行商业模式的重构。

以创业企业为例，创业企业应该具备灵活性，尤其是战略的灵活性。因为创业企业与成熟企业的关注点不一样，二者最大的区别就是创业企业没有找到合适的商业模式。

很多创业企业，都是因为某个产品的特点才去创业。无论这个产品是服务、实体产品，还是软件、信息产品，其本质都是一种服务。但创业企业在跟客户进行价值交换的过程中，由于自身不懂商业模式的运作，导致实施效率不高，引发现金流的断裂。一旦现金流出现断裂，初创企业就容易倒闭。

所以，创业企业在经营半年或一年之后，业绩不好的话一定要进行复盘。

如果复盘后，发现依然不能有效地获取流量和用户资源，这个时候一定要稍微停下来想一想，有可能出问题的并不是你的产品，而是你的交易的方式，可能在销售到购买的过程中出现了问题。所以，这个时候也是重新梳理商业模式的关键节点。

当然，商业模式创新不是一刀切，而是基于主业，通过商业模式提高边际效益。

中石化、中石油这样的企业虽然是垄断企业，但是企业对自己经营的利润是无法掌控的，一是由于原油进口，二是由于央企分配制度。这样的垄断企业规模越大，实际的收益是递减的，那这时候企业要怎样增加收入、怎样降低成本、企业需要做延伸产品的开发或精细化工，因为世界上知名的化学巨头企业用的原料都是基于石油的。

巴斯夫这些企业都做了大量的普通塑料、工程塑料、特种塑料。例如石油经过炼油就能形成石脑油，石脑油又可以分解成PE、PP，再加上一些材料，例如长玻纤、短玻纤就形成了一种新的高分子材料。那么新的高分子材料就不像大众的石油商品，因为有技术的附加值在里面，所以可以为企业发展带来极大的延伸，拓宽、增加利润空间。

通过国有企业进军房地产市场这件事情，我们会发现，自从央企改革政策放开之后，很多企业开始进入地产行业，进行了大量住宅地产、工业地产乃至商业地产的开发。这些企业通过土地的增值收益弥补了集团其他甚至主业板块的亏损，从而反哺了主业的发展。

新华书店就是一个非常优秀的交易结构案例。自从有了当当、京东之后，大家很少会去新华书店买书，看书的多过买书的，新华书店无异于赔本赚吆喝。但新华书店对于城市整体品味、整体素养的提升是非常重要的，是一个城市不可或缺的元素，因此政府也不希望新华书店倒闭。但新华书店作为一家商业企业也需要发展，于是借助政策帮扶，成功从一个书本经销商转变成了服务地产的运营商。用服务地产的运营收入来反哺新华书店的主业，甚至用利润来改善书店本身的陈列，增加休闲区、创业空间、咖啡区等，不断增加利润点，这就是很大的交易方式的转变。

2.方向维度

商业模式定位需要多维度考虑，再定位跟业务发展方向息息相关。以提升外表为例，我们可以从几个方向着手，形体锻炼、衣着品味提升和气质修炼。企业进行商业模式再定位也同样如此，改变需要具体的标准和方向：从固定成本到可变成本，从重资产到轻资产。

第一个转变，就是要从固定成本转变到可变成本。

例如，别墅配了个草坪，为了除草，我可能需要购买一台除草机、园丁工具，以及设备的维修费用等，自己还得找时间专门去进行整理。这些都是我的固定成本，而可变成本就是寻找第三方合作，将除草、美化的业务包给他，他只要定期过来帮我打理一下就好了。这样我只需支付一点服务费就减轻了很多的负担。

第二个改变，就是把重资产变成轻资产。

依旧以别墅草坪为例，我把原来必须拥有的资产外包掉，变成轻资产模式。为什么现在中国这么多行业，最困难的是制造业，主要在于资产太重，一旦资产负债的利息成本大于销售产品赚取的利润，那么这个企业必然是要亏损的。

笔者发现很多新兴的互联网平台的成功，都是巧妙利用了商业模式的再定位。

例如，滴滴没有一辆自己的车，却成为中国最大的载客服务的供应商；美团没有一个自己的饭店，没有一套自己的餐具，却成为中国最大的餐饮服务运营商。这就是典型的利用交易结构再定位，把重资产变成轻资产的模式。所以传统的重资产企业无法对抗轻资产的平台企业，因为负债能力决定了企业不同的发展速度和规模，即互联网界所说的平台对产品型商业模式的降维打击。

那么重资产企业该怎么办?

其一，将用到的重资产清单好好罗列分析一下。以制造业为例，大量的工装设备、检具、模具、量具等，其使用频率是非常低的。另外，企业占用现金流的不仅是原材料，还有半成品。

在没有销售之前，这些所有的物料都在消耗现金流。如果能够把原材料仓库的原料，把半成品仓的半成品跟金融机构做价格估值，例如，银行做金融租赁服务的模式创新，我把原料或半成品作为抵押物换成现金流，就可以极大地加快企业现金周转的速度，然后让企业去做例如开发新产品或新市场等更有价值的、更高效的事情，那么这就是一个典型的固定资产变可变资产、重资产变轻资产的模式。

其二，盈利来源的多元化。如新华书店，原来满足客户需求的就是卖书，现在还能卖咖啡，还能够把物业租赁给做餐馆的人，租赁给贸易公司用作写字楼，这就是在资产投入不变的前提下，把挣钱的来源多样化了，这就是盈利来源的多样化。很多人都主张传统定位，讲差异化，讲聚焦。笔者是非常反对这个理论的，企业发展就像水一样，水无常形，兵无常势。这个世界唯一不变的就是变。一个企业的多元化是不能够一刀切的，要有自己的价值定位，有自己的主线的。新华书店不是为了去做商业地产的开发，而是用物业、用商业的租金回报养活图书生意，不断改造读书的场景，提升体验，这种体验感是线上电商无法比拟的。所以，新华书店能在这一轮浪潮下发展得越来越好，并开始进行图书销售、文化运营、影视拍摄等项目。

其三，利益相关者，如员工、股东、顾客、供应商、政府等。一般，很多人做生意只会照顾到股东，只会照顾到顾客。

浙江的很多企业比不过广东的很多企业，因为利益相关者里面没有员工，企业不愿意跟员工共享股权。例如，华为，华为到底伟大在哪里，它伟大在很多地方，但是其中一个很伟大的地方就是通过深圳市专门为企业做了一个地方性的法规，即持股协议，你在华为你就拥有这个股点，拥有这个分配权；你离开公司，股点也就自动消失。但是通过这个分配方式，华为留住了非常多优秀的人才。

苹果也是一家优秀的做利益相关者、多元化的供应商。现在中国的新一轮商业模式，许多都是在学苹果的模式。因为苹果的模式不仅有平台模式、生态模式、供应商整合模式，还有资金沉淀模式，苹果的模式值得中国的企业好好学习。

华为主动把自己利益相关者多元化，如果任正非强调自己是唯一的老板，是不可能做到一年几千亿规模的。很多企业做不大，是因为至今都没有明白，他的利益相关者太狭隘，要么就回报股东，要么就回报顾客，很少会把利益的回报涉及供应商、员工甚至政府。

如果苹果按照传统方式卖手机，利益相关者很简单：苹果的供应商制造各种零件，苹果自己，苹果的顾客，苹果的经销商等。但是苹果自从开始做内容运营商，就有了iPod音乐播放器，通过跟很多歌手、唱片公司签约，在苹果的App Store销售歌曲，然后苹果给歌手和唱片公司分成。这时苹果就增加了一个利益主体——唱片公司或者歌手。另外，苹果又做了一件事情，苹果ios系统不仅只是一个操作系统，也是其他软件开发主体，可以在苹果系统里面开发游戏、办公软件等。

其四，要从钢硬到柔软。原来很多企业都有组织架构，下属的工资是不能超过领导的，专业技术人员的工资是不能超过管理干部的，这样组织就僵化了。在这种情况下，海尔就进行创客，张瑞敏就说："你不要离开我，你这么优秀，我跟你合伙开公司，我占60%，你占40%，你工资我不给你发了，你研发出来的东西如果海尔能够直接采购就采购，如果海尔渠道能够用到，就在渠道里面帮你推广，如果跟海尔主业不关联，我就可以对你做投资。

这就是将一个僵化的制造业的组织架构，改造成一个开放的、生态的窗口化的平台组织。为什么很多年轻人不愿意到传统制造业工作，纷纷选择IT、互联网公司？恐怕不是不愿意吃苦一个原因。

例如，IT行业有一个叫元气美女的加油职业，当程序员工作累的时候，会找很漂亮的美女，穿着Cosplay的衣服来到码农的工位面前加油打气。阿里集团马云自己退休，还穿着非常朋克的衣服，他的状态是柔软的。不像传统企业，你是我的下级，我是你的上级，你要对我非常尊敬。等级森严，谈何创造力？

做人要像水，做企业也要像水，要随着情景变成不同的形状，而不是一成不变。

柔软也是一种力量。

总结而言，商业模式的定位是关于企业价值提供方式的探索。定位不可能一劳永逸，兵无常势，水无常形，要用本章提供的方法论及案例启发，优化自身的商业模式。对于初创企业，尤其要学会多角度、多维度完善自身的定位系统。

第三章

业务系统

第一节　什么叫业务系统

一、交易主体

根据迈克尔·波特教授的五力模型，交易会有以下角色。

其一，从供应链上来讲，有各种各样的供应商，这个供应商的覆盖面是非常广的。它包括企业的各种生产要素。例如原材料、设备、工模具，这是对于制造业来讲常见的一些供应商。

其二，需求客户，往往是指买家和用户，有些时候买家和用户是合二为一的，有些时候是分离的。

其三，行业有潜在的新技术。例如LBS，基于位置的地理服务，没有这个技术外卖是送不到你家的。例如在线支付技术，没有这个技术，是没有办法进行便捷的微信和支付宝支付。还有一些技术，例如射频技术，你骑共享单车，给共享单车扫码，这个信号发射不到你的手机终端，也没有办法解码。例如关联分析算法技术，根据你买奶粉的不同时段，来推断你什么时候需要买婴儿的多大尺寸的尿不湿，以及需要什么时候买童车、玩具并进行一些关联商品的推荐。也有一些技术是个性化的算法技术，例如今日头条，就是一个典型的根据你的阅读习惯和阅读兴趣来推送你想阅读的信息，进行读者的身份标贴，然后根据你的身份标签，构置一些你的阅读内容。

其四，资本的力量。在传统模式下，像瑞幸咖啡、摩拜单车、滴滴这些模式是不会成功的，包括小米也不会取得这么快速的成功，九年时间就进了世界500强。

资本的催化作用主要表现在以下几个方面：

第一个方面，是对整个行业，从一种需求习惯，慢慢培养变成一个刚需。例如滴滴打车就是这样典型的一种产品。在滴滴打车之前，大家也都能打得到车，例如传统的出租车叫车服务。但是，有了滴滴前期通过资本力量的补贴，使大家形成了一个认知，滴滴打车便宜方便快捷，然后不断地去强化补贴、折扣，让大家对这个路径形成依赖。最终，这个打车产品就算没有了直接的费用折扣，但是因为降低了你打车的时间成本，所以你还是会选择使用它，因为方便，及时好用。

第二个方面，资本可以让品牌快速占据市场的终端，形成强有力的品牌影响力以及一定份额的市场占有率。例如瑞幸咖啡，我们都知道在中国的饮料市场里面有非常多可以选择的品种，除了咖啡还有茶，还有各种饮料。而企业家们非常了解，要做一个快速市场的迭代，不是做一个标杆市场，然后采用传统的招商加盟模式慢慢拓展。而是通过大IP小蓝咖啡杯，明星代言（张震+汤唯组合），再加上重点城市密集的渠道网点开发，配合线上和线下O2O的大量的市场推广活动以及产品的价格质量，让瑞幸咖啡快速占据城市中产的白领市场。

第三方面，就是企业自身内部的价值优化。例如，基于有QQ的社交工具的前提下，腾讯依然支持张小龙团队去做微信的产品开发。这个过程中还有渠道，渠道里面有各种代理商、经销商、电商平台，当然还有资源提供者，包括人财物，还有员工、金融力量。之前的宝洁，后来的海尔，无一不是在利用资本的力量，从内外部寻找更有价值的项目。

一个企业，做怎样的交易结构设计，就决定了企业在哪个层次和水平上去做竞争。例如，你选择的业务赛道是做直升机，但你不管怎样，都不可能让直升机飞到太空去，摆脱地球引力。

综上所述，交易系统的第一个概念，企业到底有哪些利益相关者，这些利益相关者有可能来自“政产学研金用”等各个角度。

二、交易关系

有了这些利益角色的定位，如何让这些利益相关者进行交易？怎样做交易的方式？做企业的业务系统架构，首先要做的是顶层设计。

但如果你今天做的是火箭业务的系统架构设计，用的是火箭的发动机，就直接可以摆脱地心引力，冲向外太空。所以火箭的竞争城市是在外太空，直升机的竞争城市是在大气层，这就很生动地说明了企业在进行商业模式、业务系统优化的时候，决定了企业要和哪种层次的竞争对手竞争。

现在市场上主流的模式思维有三种：传统的产品思维、平台思维和生态思维。

如果你将业务系统设计定位在产品本体上面，价值点就在于提高产品的性价比。而平台思维跟产品思维是不一样的，平台并不提高产品的单价，而是通过供应链和金融，谋求自己的利益。平台系统最典型的代表就是京东、天猫。

产品思维很简单，以手机行业为例，诺基亚就是典型的产品思维。企业用最好的性价比造出一个通话产品，满足人们相互联络和沟通的需求。这里面所涉及的利益相关方的主体非常单纯，一个是手机的各种供应商，例如模块开发、软件系统、硬件零部件，这是供应端；另外就是渠道和用户端，即各种手机卖场、专业代理商、电信运营机构和终端手机消费者。

当然，苹果早期也可以像诺基亚一样，只卖手机。苹果一样是一家企业，也一样可以挣钱，但苹果开发了基于ios的平台，新增了音乐、软件开发商、市场应用平台，因此挣到了诺基亚挣不到的钱。

还有一些平台，例如阿里，并不提高交易成本，而是发明了支付宝模式。买家的钱先放在支付宝两个礼拜，如果买家觉得商品好用不退货，那么支付宝再把钱划到卖家账户。而在资金暂存期间，平台可以产生大量的金融收益，扩大了收益来源。

当平台从X轴、Y轴、Z轴这三个不同方向去演绎，就会构成一个立体的生态。那么现在在整个全球做得最好的，也已经经过成熟市场验证的，就是苹果的生态模式，它已经被各个行业的企业进行广泛地学习。

苹果上线了App Store，所有想要进入苹果应用市场的软件，要根据用户的付费行为，与苹果按比例进行分成。

由于对利益相关者进行了拓展，苹果盈利的方式也就愈加多元化了。其生态模式里的瑰宝去中心化，平台可以提供软件开发商、唱片供应商之间的软件应用开发合作，收取平台税，开放平台生态。

个人认为学习苹果商业模式最好的是小米，九年时间就成了世界500强。

第二节　业务系统案例

一、比特币生态

区块链的概念这两年非常火，但这个大的产业里有很多的利益架构者。以比特币交易为例，不同利益主体之间的交易方式，可以采用一对多、一对一或者多对一的方式；不同人在业务系统里设计，可以带来不同的盈利能力。

第一种，最常见的就是普通的个体进行比特币投资。区块链市场称其为投资者。

第二种，自己去买矿机，这里包括挖矿的和卖矿机的。

第三种，交易所。币圈最顶层的生态就是交易市场，收的是平台税。交易所基本规范了所有的合约标准、交易方式以及所有合约参与者的权利和义务，是顶级的竞争生态。

当然，币圈还有很多交易主体及交易关系。通过比特币案例，我们可以看到不同的业务系统设计，分配的财富是截然不同的。在任何一个生态里面，系统的交易方式直接决定了不同层次的盈利能力。

二、高分子材料

中石化镇海炼化是如何进行业务系统的优化的？

首先要把所有价值链的供应端和需求端进行重新梳理。

在重油炼汽油的过程中，会产生一种石脑油。石脑油分解物就是聚丙烯和聚乙烯，聚丙烯是塑料脸盆、洗衣机、滚筒、汽车保险杠等物品的原材料；聚乙烯是保鲜膜、袋子等物品的原材料。

那么，之前的业务系统是如何运转的？

（1）镇海炼化提供炼油副产品，即下游高分子材料加工企业所需要的液态原料，例如PP（聚丙烯）和PE（聚乙烯）。

（2）镇海炼化委托第三方物流企业用槽罐车把这种液体送到造粒（液体变成固体颗粒的加工技术）厂家。

（3）造粒企业如巴斯夫、金发科技通过材料改性、造粒、装袋，做成塑料企业所需要的高分子原料。

（4）粒子送去做加工，例如注塑变成汽车保险杠。

（5）保险杠送到宁波、杭州湾吉利领克汽车上进行装配。

业务系统重构之后是如何做的？

（1）把这五个不同的交易主体变成一家公司，做成混合所有制。通过分析，我们可以清楚看到这条价值链上的各个主体，其中包括镇海炼化作为液态原料的供应商、槽罐车运输单位物流企业、造粒企业生产企业金发科技、注塑成型企业世纪华通和主机厂吉利汽车。由不同的主体根据资源和出资比例形成一个混合改制企业，其中就包括供应商和市场的需求者。

（2）优化价值链，降本增效。确定利益的主体之后，接下来就要重构一个新的交易方式。

原来宁波镇海炼化的液态原料通过槽罐车运到金发的上海或者广东工厂造粒，造粒好了之后装入尼龙袋，运到杭州世纪华通来注塑，注塑好了又拉回宁波去安装在吉利汽车上面做保险杠。

现在多功能合一。首先建议在镇海炼化工厂旁边建高分子造粒厂房，这样原来用槽罐车物流的方式改成地下管道+高压泵输送，所以节省了槽罐车的装车和物流时间的成本；其次造粒注塑一体化，挤出造粒，高温冷却后，直接就在生产线上进行注塑并加工成汽车保险杠；最后保险杠就直接拉到附近的杭州湾吉利汽车厂去，距离在一个小时以内。

这样的交易方式结构的再造，可以用精确的财务数据来测算。例如PP原料行情好的时候9000元一吨，然后从造粒到注塑再到装配也要9000元，总共18000元。经过五合一的业务系统再造，每一吨节省了1500元，就是16500元。这就是一个典型的商业模式再造，交易系统交易主体的再整合以及它们之间交易方式的再改变，就形成了一个新的商业竞争力。

三、华为业务系统重构

华为公司最早的时候就是卖一些网络交换机的配件给中国电信。包括南方市场、北方市场。早期没有品牌，也竞争不过一些国外企业。然后华为开始跟电信公司做合伙企业，一起在当地成立公司，一起采购设备，如华为帮电信公司去代采购国外的交换机。

由于国家规定电信禁止入股民营生意，所以华为开始改变企业的战略规划，变成技工贸，开始生产一些周边产品，慢慢通过技术能力的增强，做交换机等产品建设华为品牌，从中国电信合伙人的角色身份转变成电信的供应商。

随着华为产品和技术的不断迭代，产品线的不断拉广，拉伸产品的关联度，华为不仅做硬件还做通信标准。例如大家热议的5G标准，包含了大量的华为软硬件技术。

基于跟运营商合作基础，华为看到了国内的消费品市场，于是开始布局手机产品。

华为本质上是一种商业模式的创新公司，主要创新在业务系统上，而不仅仅是技术研发上。其中的利益主体，不仅包括电信运营商，还包括普通的消费用户。所以，华为既挣了2B的钱，又挣了B2C的钱，不仅利益主体产生变化，交易方式也更丰富多元了。手机市场虽然没有组织市场的单笔采购金额大，但都是现金，而且流水速度周转特别快。

华为的业务系统不仅增加了利益相关的主体，而且增加了利益交换关系。

四、电脑横机市场洗牌

在主板市场，有一家上市公司叫慈星机械，原名叫裕人针织机械有限公司，跟德国斯托尔、日本岛津一样，是专门给羊毛衫加工企业及个体提供加工纺织设备的。

他们原来的交易主体其实很简单，就是通过各种零件、元件部件的采购做成自己的主机，主机通过渠道卖给纺织企业及个体户。但前些年由于经济不景气，下游纺织加工不挣钱，代加工一件羊毛衫可能就几毛钱几分钱，10万块钱一台的慈星纺机销量越来越差。

客户一次性付款有难度，这时候慈星纺机拉了一个新的利益主体进来——融资租赁公司。融资租赁公司贷款给纺织企业及个体户，慈星纺机提供担保，融资租赁代付设备钱给慈星，纺织企业及个体户分期按揭设备的本金和利息给融资租赁企业。这样就极大地解决了小手工业者购置机器的一次性投入，慈星的机器的销量得到了快速增长。

银行及融资租赁机构为什么愿意加入这个业务？这就是金融创新，因为银行也必须通过放贷来增加银行的收入。因为银行在吸储的同时也是要给储蓄投资者支付利息的，所以银行必须贷款出去。在传统的市场，大家都在竞争，所以银行发展业务也得另辟蹊径。

所以各种国家银行，包括四大行还有更重要的商业银行，都在积极地开发一些金融创新产品。只要你提供有效的担保和抵押，那么小微企业的贷款就能够得到有效的质押物，银行给其贷款也放心，因为有慈星纺机担保，所以银行就能贷款。

另外慈星纺机在供应链这一环节，企业有大量的金属材料，也有大量的元件、零件和部件放在原材料仓、半成品库。有些做好的机器还放在成品库，这些东西因为各种各样的原因，没有得到有效周转。例如销售应发未发，即客户付了定金，但是因为尾款没有打全，这个设备就放在仓库里面，而且一放就是一年，这其实占用了企业资金的；那如果这一部分设备通过合理的金融评估，通过金融产品的创新，就可以把它变成一个质押物，然后用这个质押获得银行的现金流。

大家可以看到这个案例里，业务系统由原来供应商到慈星纺机，慈星纺机到渠道到用户，变成了慈星到融资租赁公司或银行，再到用户手里。而且交易的方式和内容，由原来一次性付款变成了分期付款，交易的关系由原来只有慈星纺机跟用户之间的交易，或者是慈星纺机跟供应商之间的交易，变成了供应商跟银行的关系，银行跟慈星纺机的关系，银行跟用户之间的关系，所以交易的方式也多元化了。

通过这种模式的创新，慈星纺机击败了国内的很多企业，成为这个行业第一家上市的公司，而且还成功收购了瑞士的斯坦格，加大了嵌花技术的储备。现在这个企业对德国的斯托尔和日本的岛津形成了一个强大的威胁，要是没有这家国内企业，德国斯托尔的交期，会比现有的交期延长三分之一，德国斯托尔的价格要比现有的价格贵三分之一。

交易系统的再造，利益主体在设计以及利益主体之间交易的内容和交易方式的创新，导致整个商业模式的迭代。

第四章

盈利模式

第一节 盈利模式的概念

盈利模式主要是指相关利益角色，怎样分配收入和怎样分摊成本的一个结构，是相关利益者在企业的分配当中的利益的集中体现。说得通俗一点就是怎么摊销成本，怎样分配收入。

首先我们要熟悉两个基本概念：盈利的来源和计价方式。

盈利的来源无非就是两方面，一个是多挣收入，另一个是严控成本。无论是开源还是节流，都是能够产生盈利的。

计价方式，举个例子解释一下：一台汽车，我可以整车卖给你，也可以租给你，卖给你就是产品的销售金额，租给你就收租金。

当企业的盈利出现了问题，企业家要问自己两个问题：

第一，是不是自己的盈利来源出问题了，无论是开源项目还是节流项目。

第二，是不是计价方式出问题了，就像大型的工程机械装备，在经济形势不好时，整机是卖不掉的，换个方式把它租出去，也是一种盈利来源。所以当盈利不好的时候，还要考虑一下计价方式的问题。

第二节　盈利模式的作用

做企业有三个阶段：先做生意，再做企业，最后做事业。

做生意，做企业，做事业的核心都是为了挣钱，利润永远是企业最高的追求目标。

利润是企业最高的追求目标，企业这种组织也是为了追求利润而存在。紧紧围绕利润产生的盈利模式，当然具有现实意义。那么，盈利模式究竟有什么作用？

第一，可以清楚总结公司经营的现状，这个现状不仅是指企业本身生意好坏，还要总结同行、上下游以及行业的经营情况。

第二，当复盘完所有的利益相关者、主体以及企业自身的商业模式定位，这时候就能够很清晰地预测下一步要挣哪些源头的钱，以及用更好的计价方式去挣到这些钱。

第三节 盈利模式的内容

盈利模式的内容包括哪些？

为了让大家更好地理解内容，我们先进行案例分析。我在北京有一个师兄，他在北京卖红木家具，原来是通过红星美凯龙租铺面，因为是红木家具所以租的铺面面积会大一些，因为要陈列，然后在北京开了好几家分店。因为北京住宅市场整体销售的问题，家具生意跟其他建材一样也受影响，以前靠店中店招店员促销，配套新房子的模式一下子就感觉不灵了。这个时候他也很痛苦，老是在想着这个生意年年都这么做，为什么今年就这么难做？

把他原来这种卖法从盈利模式专业角度，我给他进行了复盘：

第一，他原来的生意利益主体结构有哪些参与者？一是红木家具厂，二是红星美凯龙，三是自己的店长和店员团队，四是购买家具的顾客。

第二，成本是什么？成本主要有：一是付给家具厂家具的货款；二是付给红星美凯龙的租金；三是付给他的团队的工资和奖金；四是适当的时候也要让渡一些价值给客户，例如节假日促销。

第三，再来分析一下计价方式是什么？原来无论是买还是卖，都是一套家具多少钱。例如一套明式的八仙桌加四条长板凳儿、一套明式的书桌加屏风，需要多少钱？以往可能是五万买进十万卖出。但现在卖不动了，该怎么办？

从传统增加收入的角度，一般从营销的角度会提出开发新市场。但是开发新市场是有难度的，因为你又要到其他地方再去租店面，例如到天津的红星美凯龙，浙江的第六空间，这又是一个巨大的投入。你这边还在亏钱，又要到新的地方去开店，现金流肯定吃不消，而且做实体贸易的人都知道，有些生意你要么就别投，你投了后面要投的钱更是源源不断的，一开始你认为租个铺面多少钱，招个人多少钱，最后好多东西支付的实际成本都会超过你的预算。

例如，你一开始要租个200平方米的空间，最后却租了400平方米，这个道理很容易理解，就像你本来打算买个宝马525最低配的，结果买着买着就买成了宝马530了。人也是这样的，一开始只招两个员工，结果发现这个员工不稳定，经常出现离职的情况，所以只好招三个，那么这又是不可控成本。所以传统的贸易企业就是所说的经销商、代理商，他们要进入一个新的市场是非常顾虑的，何况现在的生意都已经不太好做了。

这是对他现状进行一个复盘，接下来分析如何给这个家具业务商业模式进行再整合、再定位，让他打开新局面，拥有新的盈利模式。

如果要在一个红海市场做新的商业盈利模式的架构，首先要想到是什么原因让原来的机制不灵了，刚才我们已经分析过了这个案例。

第一个是因为当地细分市场已经饱和；第二个是固定成本太高；第三个是计价方式需要调整。

那大家想想看，他这样卖家具，是不是同行也是这样在卖家具，中国知名的红木家具品牌很多，像南国世家，还有很多我叫不出名字的。虽然品牌多，但是大家都是用一样的模式，工厂专心做产品和品牌，代理商专心做实体分销。红木家具竞争是同质化的，因为产品没有什么大的差异化，要么就是仿清，要么就是仿明，要么就是民国时代风格的。

复盘后，我们现在就来正式地用盈利模式这个思路来策划这个案例：

第一，盈利模式非常讲究利益主体结构，如果不想在这个红海市场里竞争，就得进入一个新的蓝海市场，于是就找到了定制这个市场。

什么叫定制市场？例如你是一个浙江的首富，我就为你家的客厅、卧室、书房，定制一个博物馆里面曾经名人使用过的一模一样的家具，这个就叫定制；或者你不愿意做博物馆藏品1：1的仿品，有什么特殊定制需求我也可以满足。

现在要针对的利益结构主体，主要是各个省的富人，而不仅是北京的富人，首先就把北京的地理市场限制给打破了。

为了对应这种需求，我就不能再跟这些做大规模标准化生产家具的工厂合作了，我要选择跟那些愿意提供定制性服务的中小规模的家具厂合作。

为了达到定制的设计样式、图案，包括包装的工艺，我还要选择跟知名的红木家具博物馆合作或者知名的红木家具设计师合作，因为他们掌握了IP，掌握了设计。所以这里面又增加了原来没有的一个交易利益主体——设计师或者红木家具博物馆。

原来摆在红星美凯龙售卖，现在变成线上咨询销售。

把交易的主体弄清楚了，就自然而然地知道成本是从哪里来的，收入是从哪里来的。原来的交易方交易的收入主要是卖一整套家具，主要是向北京地区的富人们出售。现在不是了，现在大家看到变化了，现在把它定位为向全国的富人出售。那怎样的生意能做向全国？肯定是电商，肯定是线上平台！

第二，原来的成本价是家具厂，现在也还是家具厂，但原来是跟大厂合作，现在要跟中小厂合作，因为中小厂接受定制，这是要花钱的地方。还有一个要花钱的地方是红木家具博物馆和设计师，这是要用到别人的知识产权，设计专利或外观专利样式也是要付费的。为了做到这些富人的生意，还得再增加一个利益主体。富人们喜欢附庸文雅，收藏字画。那么就要找到各种美术学院的院长，知名的书法家、画家、金石家，这些人又是富人们的座上宾。

要跟这些人合作肯定也是要钱的，例如，如果把字画跟定制的红木家具搭配做组合销售的话，那你就需要从美院老师那里买幅画，人家市场上卖5万，你只要付2万元。

以上所讲就是交易的主体以及收入和成本的几个主要源头和来源。

那么接下来讲第二个计价方式。

原来红木家具是一套一套卖的，现在不这么卖，现在要像做房地产一样，以房子平方米面积来卖。

给富人家做设计方案，客厅应该摆些什么家具，应该结合家庭的装修、风格，摆明代的还是民国的，墙上要补些什么字画，甚至从风水上也做一些相关的咨询。所以说这就变成了客厅包设计、包风水咨询、包家具销售、包字画搭配的商业模式，多少钱一平方米。例如，客厅面积为40平方米或80平方米，这一套设计方案为10万元/平方米，40平方米就是400万元。那同样的道理也可以一整套设计售卖，也可以是一个书房，也可以是一个卧室，也可以是一个客厅。

现在给大家梳理一下三个重要方面：

（1）这种新模式下的利益主体。新盈利模式下的交易的利益主体：定制家具厂，家具知名设计师或红木家具博物馆，我师兄（贸易商），展示中心（北京二环路内的四合院），线上销售平台及推广（例如京东店、小程序、今日头条引流），美院老师或社会书画名家，最后是富人（全国各地）。

（2）新模式下的收入和成本来源。收入方面：富人客户；成本方面：降低定制厂采购费用，降低美院老师字画费用。新增成本：设计师及红木家具博物馆（但其实可以提高产品单价），线上平台及推广费用（但其实扩大了销售范围，提高了电商销售效率）。

（3）计价方式。新计费方式：按平方米收钱。

总而言之，既然传统的红星美凯龙模式已经不挣钱了，那么现在要做的就是创新盈利模式。

首先增加不同的交易结构主体，其次是定制家具厂的结构优化，同时增加线下展示中心，增加线上的电话销售、门户网站、导流的公域平台和私域流量。在这个交易的主体结构下，还增加了知名家具设计师、销售渠道合作伙伴和美院老师。

那么，如何让客户放心把定金打过来，这里有几个保障条件；

第一，这是中国最大的红木家具博物馆，可以与无锡博物馆的馆藏进行1∶1定制，包括材料、设计、样式、包浆等工艺都一模一样；为了保证定制产品的尊贵属性，找国家级匠人红木家具的手艺人大师做签名版；除了家具，字画也负责搭配好；根据住宅的实际情况，进行全方位咨询的增值服务。

接下来客户就安安心心地付钱，等待定制产品。红木家具的定制周期至少要半年，半年之后统一拉到现场做陈列、摆设，按照设计布局把字画也装好。

这就是在客户端创造了一个新的蓝海市场，开发了定制群体客户。

第二，关联的推荐者。通常大学老师跟外面的企业家都是有联系的，所以针对大学老师也做了一个生意闭环。原来市面上一幅画卖5万元，但一年的销量很少。如果换个方式，每年保底销售20幅，但一幅画只能给2万元，其余溢价不参与，且附加条件介绍你所在城市的富豪们买我的红木家具，然后再提10%的分成，他肯定有动力去推动。

第三，生意闭环。其实红木家具收藏只是一部分人的兴趣爱好，只要找到合适的切入点，借助某博物馆或某知名设计师进行信誉背书和取得低价授权，交换条件是为对方进行推广，提高知名度。相信很多人是愿意的，因为他们一直在做非物质文化遗产传承。

第四，做大量的线上和线下活动，例如，从上海汤臣一品到马来西亚公主湾，提升活动档次，增强活动的黏性。

综合以上，这个时候有客户、有订单、有合作机构了，收入端的事情全部解决了。

反过头来，回到成本端，因为成本是一个中小家具厂，还处于生存阶段。依旧是提前谈好固定的价格，后续的溢价工厂不参与。通过这种方式，公司也盘活了，现金流也有了。

就这样一个商业模式的优化，把家具的新玩法卖出了新高度，而且这家公司也迈出了新的增长点，不仅降低了成本，而且极大地提高了收入。

总之，盈利模式聚焦的是增加收入、降低成本。方式上有各种实现手法：通过增加或减少交易主体，拉长或缩短交易流程，延长应付周期、缩短应收周期，跳出原有赛道创造新的计价方式，等等。

第五章

现金流

第一节 什么是现金流

每年3月到6月，企业都要做工商的年审，要做三张报表，其中一张就是现金流量表。

现金流量主要是指依据时间对现金的流入和流出做一系列的罗列和统计分析。

任何一家公司都会产生现金流量表，但通常来讲，每家公司的现金流量都涉及三类活动：第一类，经营活动，通过买卖产品或提供服务从而获得现金；第二类，投资活动；第三类，筹资活动，指企业为了经营去做的筹资活动。

第一类，经营活动的现金流量，主要是指企业日常的跟流动资产各个项目有关的活动，一般主要是存货采购或者劳务购买，存货销售或者劳务提供，包括工资兑付、税金缴纳。综合以上种种，再减掉个税，最终就是企业现金或者现金等价物的余额。

第二类，投资活动的现金流，用现金进行企业的投资，通常是指一些风投机构或者股市债券融资。当然，投资活动是可以流入流出的，例如企业对其他企业进行股权投资等。

第三类，筹资活动的现金流，分为两种：第一种就是企业的所有股东向企业投入资金；第二种就是向金融机构借款，或者自己贷款给别人。

现金流量表，一般会对比本期的金额和上期的金额，然后进行差异化的比较：

（1）罗列一些经营活动产生现金流的项目，例如产品出售金、收到的现金或者提供劳务服务收到的现金。因为现在国家实行的是增值税制，所以可能还会收到一些增值税返还的现金。有收入就有支出，例如日常采买、员工薪资发放等。

（2）投资活动也是这样，收到回报的现金就是说明取得了投资收益。企业变卖一些固定资产、无形资产或者收回的现金，这个统称为投资活动的现金流入。有现金流入，肯定也有现金支出，例如购买固定资产土地、厂房、设备，抑或购买一些无形资产，包括购买政府债券等长期资产，都要付出现金。

如果是向外投资，例如投其他企业，阿里、腾讯经常以股权的形式投资其他企业，支付现金那也会有现金流出的小计，那么流入的跟流出的之间的差额就是投资活动产生的现金流的金额。

（3）筹资活动。例如你去借钱，你收到的现金或者你发企业债，你也能收到现金，那么这个都是流入的；既然有借那肯定要还，你偿还债务支付的现金或者利息，然后分配股利或者利润，那偿付的现金就是现金的流出。筹资活动产生的现金流净额就是指流入和流出额之间的差异额，也可以说任何一个账面上的登记都是有正向和负向的。

当然汇率的变动也影响现金流收益。

第二节　基于现金流设计商业模式

第一种就是预售预收制，例如理发店现金流模式。

首先，最好的生意是还没有提供产品或服务的时候，就已经收到钱了。

其次，我收钱，但不是按照单次提供产品的价值来算，而是有一个长期预收的概念，我提供我的劳务服务，但接下来一整年或者十年的钱我都能够收到，那么这就是一个比较好的现金的模式。

第二种就是一次性投资，但多次收入。

大部分工厂就是这样的行为，把主要的设备和厂房投掉了，然后通过制造销售产品产生多次收入。

为什么一直说传统制造业非常困难？

传统制造业一般是通过先生产后销售赚取价差的，现金流结构就是先垫资，后销售回款。而且传统企业在产业链里面是比较没有地位的，因为企业在采购的时候，供应这一头是现金结算，但是在销售的时候却有应收款。例如，客户如果是一些大型的企业，那么应收款账期可能会有半年甚至一年。所以供应链端付现金，市场端是收应收款，这就导致传统制造业企业的现金回款的速度非常慢，现金周转的速率比较低，现金流的压力也就特别大。

从现金流来看商业模式，要把现金流作为一个商业模式重要因素，作为模式顶层设计的起点。因为它直接影响了商业模式里面的定位——业务系统和盈利模式，也影响关键资源能力的构建。

例如，你是一个创业者，前期当然什么都会缺，但是所有的资源要素最终还是通过货币来整合的，其实你真的缺的还是钱，那么你在一开始设计你的商业模式时，就要主动地刻意地规避那些现金回收账期非常长的商业模式。

目前，大量的B2B的企业有大量的应收款，他们的业务员在要账的时候，主要是不明白一些基本的现金流的原理，导致企业为客户承担了大量的应收款的压力。

这时候很多业务员作为公司的收款方，他们都做得非常不好。例如，他首先会认为客户经营都困难，财务部要求这么严，是明显要刁难我的客户，内心里就不认为去收现金是自己的天职，也不认为现金流对企业能够产生什么价值，所以他对这个工作是抗拒的。

另外，广泛存在于中国传统生意文化里面的一些缺陷，总觉得合同归合同，做生意终归是要欠那么两三个月，甚至有些地方只有到年底才能结款，那么每个客户都这么想的时候，就导致形成了大量的现金流拖欠，甚至形成了三角债。

所以很多业务员对企业的现金流就不太关心，在现金流应收款这一块没有应收款产生之前的评估管理，应收款发生中间也没有提示管理，在应收款超期之后，更没有一些相关的法律和配套的跟踪服务管理，最后导致企业的应收款像滚雪球一样，最终把企业老板给压“死”了。

其实我刚才举的案例，小到一个培训大到一个B2B企业的销售的应收款，别看一个大一个小，其实它背后的原理是一样，如果不明白现金流对这个企业整体经营的价值，或者对企业经营的生存命脉的作用，就不会真正地去重视它。

所以，好的商业模式设计一定是要考虑有现金结算或预收。当然你也可能会说每个行业现金流自然有它现金流的一个结构特点，但是也应非常客观地看到，每个行业都有一些现金流情况非常好的企业。

讲一个公司的经营，不能只是企业的总营业收入、利润，也要看现金回转的天数。做生意的人都知道，有些时候现金就差那么一两天，就能让公司青黄不接，甚至倒闭！企业在一定周期内，可以没有利润，但是不可以没有现金流。所以要学会从顶层设计的时候就设计一个好的现金流模式。

两年前，我决定以社群和众筹的模式去做一个消费品，发现了中国的白酒行业大部分都是正向现金流，基本上所有的经销商、渠道商要跟知名白酒厂合作，就必须支付现金，而且如果你跟他合作一个指标，例如100万元1年，首单他就要求你先支付20万元，而且一旦你中间合作的配额达不到，他有可能就取消了你的经销权，而且每一次结算都是现金，白酒酒厂是不会替分销商承担任何应收款风险。

所以说做酒就是做现金，同样的道理也解释了华为做一家B2B的业务形态，为什么一定要去做2C的手机。很多人认为这是一个在通信行业里的顺延，这个话我是非常不认可的。思科也是这个行业的，为什么没见过思科手机？其实基站业务跟手机业务完全就是两个行业，你说他关联，这是一个非常牵强的概念，手机只是一个移动终端而已，华为原来做的那一套基站系统是整个的通信的交换系统，所以两者根本上是两码事。

那么华为为什么要进入这样的赛道？小米的雷军以前是做软件的，为什么也要进入手机这个赛道？

从商业模式的角度去理解，无非就是，其一，这个赛道收的都是现金，因为C端的消费者一般都是支付现金来买手机，再不济也是信用卡刷卡，收入的也是现金；其二，这个赛道产生的现金流量非常大，基本上手机是人手一部，甚至有些人有两部，而且大部分人都是一年换一部，因为操作系统的更新会倒逼你必须换手机。所以，这就是为什么华为和小米纷纷都进入了这样一个2C的现金流量大、现金流转及时的高度竞争的行业。

第三节　现金流是检验商业模式优劣的标准

现金流不仅可以作为顶层设计，成为商业模式的起点，还可以检验企业商业模式定位做得好不好。

本书后面会讲到商业模式要素之一——企业价值。价值一定是用价格来表现的，其重要构成部分就是现金。以企业咨询为例，经常有很多人说："赵老师，我能不能跟你做股权合作，等我们把这个项目做成纳斯达克上市公司了，就可以从资本市场根据你的入股比例换到你想要的回报，这可比你收的咨询费高多了。"

这其实就是一个悖论，如果每个客户都跟我合作，我还用干咨询吗？

第二个悖论是可能我还没有等到你上纳斯达克，我的公司就死在现金流的路上了。所以企业经营的产品里面一定要有现金奶牛，这些现金奶牛提供了非常稳定、稳健的现金收入和利润率。

很多零部件企业的战略，就是绑定主机厂"大款"。但问题是"大款"有靠谱的，也有不靠谱的，如果你没有傍上一个靠谱的"大款"，又没有一个很好的现金流回馈，你的企业就有可能跟着这个不靠谱的"大款"一块完蛋，或者这个不靠谱的大款在他完蛋之前先让你完蛋。

所以很多汽车零部件企业把自己的主战场OEM转战到AM市场，为什么？因为整个AM市场在整个汽车后市场占了整个汽车行业60%的利润，而且汽车后市场大部分的收入都是现金性的。例如，你卖减震器，四个轮胎上都有一个减震器，你可以做售后市场，也可以做主机厂市场。这就是现金流，可以检验定位。做售后市场比较麻烦，每个客户采购量没有主机厂数量庞大，规格统一。但是，却往往能够提供现金。做市场也麻烦，还要跟美国人、欧洲人做生意；你做主机厂，可能就在上海安亭，或者在武汉，可能直接喝两顿酒就把事情给解决了。

但大家没有从更高层面、从经营的思维、商业模式的顶层设计来思考这个问题，主机厂是有一些采购的流程和游戏规则的。基本上所有的零部件厂在主机厂面前都没有什么议价能力，所以基本上现金流是受主机厂摆布的。

但售后市场就不是这样，售后市场虽然小散多杂，但可以提供给你稳定的现金。所以很多汽车减震器厂反而规模不大，但做AM的这种民营企业要比规模很大的专门做主机厂配套的企业利润高，主要是现金流转率高。

第四节　基于现金流设计企业金融工具

现金流量还可以作为企业做金融工具设计的依据，大家都知道有一个租房的金融产品叫Reits。有很多的物业开发好了之后，它能够产生非常稳健的财务投资价值收益。这些合约被投资方收集之后，就会被他卖给一些想做这方面投资的人，这就作为一个现金流的金融产品，产生持续性的现金收入。

例如太阳能光伏行业，好多人免费给企业的屋顶建电站，然后把电站的发电作为长期的一个收入的产品。在商业模式迭代之后，大家发现还可以把这些多余的电通过和工厂签合约集合在一起，做成一种金融证券型的产品，然后再把这种集中式的银行金融性合约销售给不同的客户，然后再把这种产品打包放在资本市场上，让广大的机构投资者和股民来购买，或者让债券市场的投资者来购买。

现金流也可以打包成一个金融工具产品。例如知名的物流企业UPS，他们对自己合作的物流客户的经营情况是非常了解的，一般健康的合作客户，现金和存货周转速度非常快，UPS掌握了一手的数据。但是因为这个企业规模小，银行对这个企业又比较陌生，银行不敢贷款给这些小工厂，但是UPS跟银行不一样，他掌握了大数据，掌握客户的现金和存货的信息，知道这个企业是个优质的企业，于是成立了UPS金融，贷款给小微企业客户。

因为UPS是一个大型的物流集团，能够以极低的利息从银行拿到巨大的贷款金额。然后再加一个杠杆，以一个高的利息再贷款给自己的物流客户，这中间的利息差就形成了供应链金融。

以上讲到现金流的三个作用，第一是作为起点设计、顶层设计、商业模式的作用。第二是作为检验商业模式好不好的作用。第三是作为金融工具设计的依据。

第五节　企业价值的最大化的现金流设计

一、三类企业的不同现金流结构设计

第一类企业，就是现在非常时兴的，属于资金不足但是成长空间非常

大的，需要争取到风险投资的科技型企业。

典型代表是互联网行业，例如像摩拜、滴滴、瑞幸、美团等，他们本质上都属于互联网的商业模式，需要强大的大流量的会员系统，要做到这点就要做大量的线上和线下的推广。

为了把这些传统的打出租车的习惯变成滴滴叫车，把骑自己家自行车的习惯变成骑摩拜，把喝茶的习惯变成喝咖啡，有一个非常重要的工作，就是改变消费者的心智，然后改变交易习惯。怎样才能改变？后期我讲平台经济模式时会重点讲这个。给大家分享的就是要通过免费补贴或者打折让利的活动，让大家形成习惯，然后改变习惯，一旦一个新的习惯，培养起来就会诞生一个新的市场。例如，现在应该很少有人站在街边用手去招出租车，为什么？因为你已经建立了通过手机打车的习惯了，并不是说滴滴是你的刚需，而是你的习惯被改变了之后才是你的刚需。

改变用户习惯得烧钱。

这个钱从哪里来？必须靠风投。那为什么你不可以靠自己的经营活动去产生正向的利润和现金流，去慢慢做自己这个市场？主要有以下两个原因：

首先，你不做别人也会通过补贴做，这个市场是有竞争的；其次，这样的一个平台模式的市场，你自己的利润不足以支撑你拥有大量的现金。既然不支持你拥有大量的现金，你就必须去争取风投的补贴，所以其实有些时候衡量一个互联网项目好不好，就是看其创业的前期有没有得到投融资，如果说超过三年都没有融到资金，基本上这个项目就是失败的。

第二类企业，它是属于有符合抵押物的和较高的信用等级的。

这样的一些企业，而且他的业务能够产生稳定的回报。建议这样的企业尽量去获得投资类的经营活动，即贷款借款，最好的来源方就是银行。例如你做租房市场，你的租金回报，如果跑赢银行的贷款利息的话，因为你的房屋是可以抵押的，所以你就可以大胆向银行去借款，因为银行借款的利率成本一定是跑不赢你的收入的，所以这个时候在设计这一类商业模式的时候，要大胆地去做金融的杠杆。

俗话说不借钱的企业家不是好的企业家。

不借钱的企业绝对不是一个好企业，企业的本质还是关于现金的应用，大量的借入和借出也是正常的行为。我个人不认为那些不借钱的企业就一定很好。大家也会看到市场上有一些所谓的蓝筹股，股价为什么一直上不来？反而是一些纳斯达克的新兴企业、独角兽企业，或者科创板、创业板的一些企业的股价会非常高，因为对资金要素的整合，应用的效率还是新兴企业高。所以传统公司的股票基本上不要去买，为什么？因为资金、现金的盘活速率太慢，而新兴企业对现金的流入和流出的吐纳以及运营效率，要远高于传统企业，这就是说企业之间价值不一样。

综上所述，如果你有抵押物，收入又可以跑赢利息，那么就大胆去借款。

第三类就是有的企业，资金实力非常差，而且创业成长速度也不会很快，也没有什么值得抵押的东西，这个时候他要怎样设计现金流？要特别注意节约成本，同时一定要求流入的现金周转速度非常快。例如咨询公司就属于这样的行业，第一，没有任何的房产，也没有值钱的工厂和设备，拿不到抵押款和银行贷款；第二，不是风险投资的目标行业。以细分的市场调研为例，整个中国市场也就300亿元，风险投资为什么要投你？例如你现在做了1000万元，十倍就是1亿元，30倍就是300亿元，行业所有的金额都被你一家公司做了，PE倍数也不过是30倍，所以说他没有投你的理由。

那么银行因为你没有抵押物，更不可能借钱给你。如果你热爱咨询业不肯离开，怎么办？

首先，一定要严格控制自己的成本，即使赚不了多少，我也花不了多少，什么东西都讲求成本节约。然后就是在有限的收入前提下一定要注意现金回转的速度、现金回收的及时性。所以就我前面讲的，我哪怕培训费1万块钱，我都会去给别人要的，因为这属于合同约定的，该要就得要，没什么不好意思。

其次，创新现金流结构的设计。像我在我的日常工作当中该怎么设计？我设计了两种，一个是大企业的咨询，我尽量把项目式的变成年费的，咨询年费变成每个月都付一点，而不是年前付30%，年中付20%，年底付50%。例如，我跟你这个企业合作，120万1年，然后你一个月就付我10万，就像发工资给我，这样你支付比较分散，我也每个月都有现金流入。这是我做的第一件事情。第二种，有些小微企业者，他老是跑过来咨询你，那你又不能拒绝他，但是他又不愿意为你的咨询去付小时费用，那就买我产品，这样你拿到了产品，我也实现了我的劳务价值。

这三种是用商业模式设计的理念，考虑现金流的顶层设计经常会遇到的三种企业类型的情况。所以说不同的行业、不同的企业、不同的发展阶段，大家设计现金流是不一样的。这几种类型主要是从现金流结构设计要争取实现最大的交易价值角度说的。

二、现金流和降低交易成本的关系

现金流结构也要从降低交易成本的角度考虑。之前我讲过大型工程设备，他们在销售的时候把一台挖掘机变成分期付款或者变成租金的模式，其实一些美国的大型公司之前也曾经这么做过，例如GE的飞机发动机，它就是按照小时来计费的，米其林轮胎针对一些重卡客户是按照行驶公里数来计费的。

这个道理很简单，例如经济危机的时候，国家在大型的基建投资方面，不再有大量的资金注入，那么像三一重工、中联重工、徐工这样的企业要维持正常的产能，因为一个企业不维持正常产能，就意味着亏损，那么它造出来的东西卖不掉又怎么办？肯定要进行金融模式创新。租赁模式就是强化打包。把从卖整机的模式变成卖劳务时间，从卖产品变成卖服务，也就是现在经常讲的时髦词，即制造业如何向服务型、向制造服务业转变。

在降低成本、现金流这一方面，还有一个很重要的思维点，就是不一定要贪大求多求全。我记得前几年所谓的一站式广场、一站式维修、一站式服务、一站式消费、一站式购物等，这个概念特别响。但是为什么这几年大型的汽车维修服务广场倒闭了，奥特莱斯倒闭了，大型的国际购物中心倒闭了，大型的餐饮、娱乐一条龙服务行业也倒闭了，因为好多时候，企业只考虑了给顾客带来的便利性，并没有考虑自己要为顾客便利性增加的总销售价值，即要付出的现金流的成本。好多东西企业投了之后，使用频率是非常低的，使用频率低，它带来的正向现金流周转率就小、就短。

例如，宁波有一个非常大的号称是亚洲最大的室内游乐场叫罗蒙环球城。我仔细地观察了一下这个游乐场，其实这个商业项目挣钱的是旁边的银泰城，里面有购物，有餐饮，现金周转速度非常快，而罗蒙环球城是属于一次性玩过了，你再也不想去第二次的一个娱乐中心广场，而且碰到台风天下雨天，很多大型的户外的娱乐设备使用率非常低。例如户外的海盗船、小火车，在下雨天是运营不了的。这些东西表面上看似能够放大跟客户之间的交易价值，例如我在罗蒙环球城、银泰城、任吃、任喝、任玩，但其实就能玩的只有一部分，现金流是不正常的，那么问题出现在哪里？就是罗蒙环球城恰恰把最值钱的银泰城商业这一部分卖给银泰集团，所以按照本来的商业的项目设计来讲，一部分是以跑量来吸引游客，然后通过商业周边的增值手段转化成商业去净利润，但恰恰是转变为跑利润的这一部分，被卖掉了。所以我个人对这个项目未来的前景非常不看好。像迪士尼那样的模式，政府开发，由迪士尼运营，然后回报股东，这种游乐场项目才有真正的未来。

举一个正面的例子，杭州的小拇指汽修。小拇指没有动不动就发明创造一个汽车一站式服务，而是在城市市中心组个五千或一万平方米的店面，且只做一种服务，就是汽车漆面的微整形、微修复。因为小拇指做了大量的市场调查，即大多汽车的维修并不是重大的汽车事故，大部分就是小刮、小擦、小碰，涉及的无非是钣金凹陷、漆面破损。基本上一辆车在一年内要进行三次关于漆面或者钣金的整形和漆面修复的维修。

小拇指针对市场提出了汽车维修快速的模式，而且对于店面要求非常小，每个店面的员工人数也非常少，所以加盟小拇指的大部分人，就看到了这个模式是可以挣钱的、是接地气的。这里我所强调的是，做现金流的设计，你要考虑降低交易的成本，第一个是要考虑做经营的成本，你不需要再做那么多的店面，养那么多的员工，搞那么多种服务。第二个，是要降低顾客的消费成本，小拇指汽修快修200元钱、100元钱都搞定了，你知道到4S店要花费多少钱，1000元、2000元都是有可能的，而且在小拇指当天你就可以把车子开走，但是你在其他4S店，没个两三天甚至一个礼拜，你是开不走车的，这也是成本。

总之，现金流是企业生死存亡的关键，了解现金流结构，合理设计现金流模式，有助于优化商业模式设计。

第六章

关键资源能力

第一节　资源的种类

企业资源包括：

（1）财务资源。公司无论是创业阶段、发展阶段，都需要资金，都需要融资能力，都需要资金规模，也需要现金周转能力。

（2）公司治理资源。不仅包括股东资源，也包括人力资源、管理资源、信息资源。人力资源大家都比较容易理解，分内部的、外部的。管理资源是指用怎样的管理制度、组织架构。信息资源是指外部信息的获取能力，内部信息的交换能力及与生态链里面合作伙伴的信息资源的共享能力。

（3）商业信誉资源。商业信誉资源主要分为企业文化和品牌。品牌包括产品品牌，例如肯德基；企业品牌例如宝洁。品牌光有牌子还不够，还要有知名度、美誉度、忠诚度；另外商业信誉资源还有一个很重要的就是企业形象和企业凝聚力，这是指企业的文化方面，很多人在去华为学习考察之前，其实更早了解到的是华为文化，例如华为的基本法、狼性文化等。

（4）市场相关资源。市场的相关资源，无非就是渠道、物流、营销能力、杠杆资源，还有一些关系资源。例如大客户关系、政府的关系、金融机构的关系、供应链关系、竞争对手关系等。渠道资源主要是指网络能力。营销能力主要基于品牌拉力的制造能力，销售是推一个东西，营销是拉一个东西。营销杠杆资源就是一些特殊的商业模式，可以把你的资产放大，例如连锁加盟，自己没钱没资金，用这个模式可以把店开遍全球。

（5）生产相关资源。无非就是采购、技术、实物资源。实物资源大家比较容易理解。土地、房产资源、设备资源、仓储资源等，软性的例如供应商开发议价能力。

（6）技术资源。每个行业不一样，基本上包括专利、技术、信息收集。怎样提高产线的产能，怎样提高质量，怎样优化生产工艺流程或者跟产品直接相关的技术，例如材料技术、结构技术。

我上面讲了一大堆资源，资源这么多，重要等级是不太一样的，同样的资源，对不同的交易主体的重要性也是不一样的。同样的资源在不同的商业模式里面，重要性也是不一样的。

第二节 关键资源能力

什么叫关键资源能力？

根源在于商业模式的选择。举个很通俗的例子，商业模式好比一位剑客，资源好比是一把剑，这把剑在厨师的手里就是一把菜刀，但在高手的手里就是一把真正的剑，所以剑本身没有什么关不关键，关键在于使用的这个人是个怎样的人，那么这个人就形象地比喻为商业模式。

例如做咨询公司，同样的资源在不同的咨询公司的商业模式里面，重要等级、关键等级是不一样的，像浙江人都知道的汇聚培训，当家人叫俞凌雄，确实挣了很多钱。他主要的关键资源是什么？就是要有强大的拓客功能、强大的讲师资源。他也是咨询公司，主抓标准化的培训产品，还有一个狼性的客户拓客团队。

但是这种资源在我公司里面，就显得不那么重要，因为我的咨询公司的战略是服务重点大客户的，不像培训产品，我是以咨询为主，每个案例都要花很长的时间，要跟企业同吃同住同劳动，而案例能不能成功，取决于甲乙双方投入和合作的程度。所以培训一定不是我的主要资源，拓客团队也一定不是我的主要资源，我的公司到现在都没有业务团队，我也从来没把培训看得多重要，我也不靠培训来挣钱。

那么俞凌雄的公司，商业模式是什么？即一对多，产品标准化，广泛销售。那我的咨询公司的模式是什么？即精准销售，产品非标化。

所以商业模式决定了要素是不是关键，所以以后大家说到关键资源，不要动不动就说钱是最重要的，不要动不动就说人才是最重要的，这个是不一定的。

第三节　资源的VRIO特征

资源有四个特征，称为VRIO。

第一，资源肯定要有价值。这个价值就是，企业的资源和能力能够让企业对环境的机会做出反应，能够让企业对环境的威胁做出反应。这是什么意思？比如金融危机来了，企业有充沛的现金流，那他可能就能度过这一轮环境的威胁。如果企业现金流充足，在互联网产业转型升级，企业就可以做大量的关联性投资，这就是价值问题。

第二，稀缺性问题。如果全中国只有一棵大白菜，那么这棵大白菜肯定是稀缺的，价格一定比钻石还要贵。关键在于拥有这种价值的资源和能力的企业有多少，从竞争的角度来讲，越少的企业拥有，稀缺性就越好，价值就越大。

第三，自己掌握的这种资源别人难不难模仿。前面我一直在讲苹果，我承认我是个果粉，我用苹果手机，不仅是因为乔布斯的个人情怀的感召，而且我认为目前还没有哪一种商业模式比得过苹果公司，哪怕乔布斯已经过世这么久了，因为苹果把平台生态内容的运营整合能力用得比其公司都多，至少目前的华为只是个卖零件的公司，无非就是产品质量有多好而已，跟苹果的模式还不是一回事。所以苹果这种模式其实很难模仿，先不要说其自成一派，一家公司一个品牌，做一个非开源的系统ios，电脑也是做Mac系统，这是非常难的。华为做鸿蒙系统，都要顾虑Android的人会不会加入鸿蒙的体系，何况苹果还是闭环的不是开源的系统，所以苹果这个太难模仿了。

第四，虽然你的资源有、价值也稀缺，别人也难模仿你，但你真的能够通过组织能力把它充分利用起来吗？组织能力包括产品组织能力、公关营销的组织能力、团队人才搭建的组织等，只有这样才能把掌握的资源变现。

第四节　商业模式相似程度决定竞争程度

很多时候，大家认为同行就是冤家，其实真不一定，是不是冤家取决于两家公司的商业模式是不是极度相似，而不是指两家公司的产品是不是非常相似。

富士施乐在做复印机之前，市场上有一堆复印机，大家都是通过卖设备来赚钱的。而富士施乐采用了计数器的技术，你以很低廉的价格拿到了设备，你复印了多少张纸，我一张收你多少钱。

同样是给蒙牛、伊利提供利乐包鲜奶包装的瑞典利乐公司，就选择先把生产线以低于市场价，例如打八折、打七折、打六折的价格，卖给这些高速成长的中国牛奶企业，但是蒙牛、伊利卖着卖着就发现这个生产线只能用利乐自己的包材，跟其他包材不兼容，如果你用了其他包材，利乐会用技术让机器停止掉。所以说这种模式，就跟其卖牛奶包装线的设备厂家的模式不一样，所以说同行不见得是冤家。

那么，中国的企业为什么竞争这么厉害？为什么大家都在红海里面？为什么生意越做越难？核心的原因并不是产能过剩，核心的原因是商业模式太过雷同。

例如，一个温州人做生意的套路，你的产品卖十块，我就卖八块；你的产品卖八块，我就承兑汇票；你承兑汇票，我就应收款放账六个月。一堆这样的企业在玩成本模式，大家都做OEM，都在美国的Mike面前说我的价格才是最低的，那生意当然越做越窄，因为大家都在比价格，不朝其商业模式去想问题。

这时候，有一家企业跳出来说，我做ODM，我有自己的研发设计能力，不仅可以根据你的图纸来加工，还能够把你概念化的想法变成一个产品。于是在我的商业模式的交易结构里面增加了研发的利润。为什么福建做鞋的企业做着做着就不行，为什么耐克、阿迪达斯依然做得这么好？为什么国产的鞋子始终在进行价格战？大家有没有思考过，国外的这两家企业跟国内企业的很多模式是不太一样的。同样做洗发水，宝洁公司是积极地跟外部很多的研发机构、研发的个人做广泛的创新合作，其内部的钱像资本投资，如果你这个创意经宝洁的团队筛选是符合逻辑值得投资的，那么企业就给你钱，一块来合作研发，最后宝洁买下这个专利和产品的使用权。但是纳爱斯可能就自己去建研发中心。就算研发团队再多，能够比得过宝洁的这种生态的研发商业模式吗？显然是没法比。

基本上全球最好的商业模式都是美国人创新的。

苹果到底自己发明了什么？制造了什么？触屏点控技术是苹果发明的吗？ Siri是苹果公司的吗？是其原创开发的语音吗？

为什么一个不发明任何东西的企业，竟然做了全球最好的、最挣钱的手机？因为乔布斯比大家发明的东西更伟大，他发明了一个全新的商业模式：苹果作为一个平台，去跟软件应用商和唱片公司分钱。然后，他还以苹果粉丝为核心，借助各种应用软体和苹果硬件形成了一个生态。

美国还有很多伟大的商业模式的公司，例如IBM。

那IBM做什么？IBM在长期的企业经营管理过程中，发现流程，发现信息交互，都是非常有价值的，于是他把这些东西复制给华为，帮助华为做企业的架构、企业流程的再造、企业信息化能力的升级，所以说IBM给华为承担的角色就是家咨询公司；IBM帮助杭州市搞智慧城市，那么对于政府来讲，IBM就是政府的咨询机构。当然了，在产品包里面也带了很多的硬件，但是基本上是基于工程、基于服务搭售的。企业把一个标准化产品变成一个相对标准化的服务，这就是制造业向服务业转型，这就是不一样的模式。

例如美国还有一家公司——GE。航空发动机这么贵，航空公司不景气，一下子拿不出这么多钱，或者就算拿得出也是很勉为其难，那现在就做一些传感的功能、远程控制的功能，你飞行了一英里我收你多少钱，因为我有强大的金融能力，也有强大的技术能力。什么叫金融能力？我可以有这个实力去做这种产品的租赁服务模式，而且一旦不支付费用，我可以让你的飞机引擎停止。

所以，大家要去美国，要积极地向美国学习，要好好地看看华为任正非先生写的一些关于美国的文章，不要被狭隘的民族情绪把自己框牢了。中国人，我个人觉得还是要隐忍，要低调，要向美国学习。学习什么？学习创新文化，不仅是对技术的创新，还有对商业模式的创新，对于各种失败的包容，而这些都是商业模式创新需要的土壤。

第五节　商业模式与企业战略规划的关系

战略分为资源能力导向型、环境机会适应型和目标理念驱动型，不同类型的战略直接决定了你获得关键资源能力的方式方法。

1. 目标理念驱动型

马云就是这样典型的目标理念驱动型。在阿里，他提出一个非常高的深的远的激动人心的企业的愿景：“让天下没有难做的生意”。股东，全体员工朝着这个目标去奋斗，连在美国资本圈非常成功的蔡崇信，都被他从大洋的彼岸吸引到杭州的一个小区里面，拿着500块钱跟他一块儿奋斗。

所以我经常鼓励一些创业者，不要抱怨资源少。我经常讲一句话，他们老觉得我是神叨叨的，觉得我在搞迷信，我说你想做什么事，你就一定会拥有什么资源。

2.环境机会适应型

联想就是一家典型的环境机会适应型的公司。例如刚刚改革开放不久，国内需要大量的国外的3C产品，联想顺势而动，成立了神州数码，把国外产品卖到中国市场。然后随着国产品牌的成本的性价比、个人PC的崛起，联想品牌就成为自己的生产企业。那么联想考虑到前期组装最挣钱，于是其根本没有把心思放在芯片、主板、显卡、声卡这些核心的部件上面，而是做自己的组装机品牌——联想。联想后面发现赚了很多钱，发现中国有很多新兴的企业都值得去投资，整个联想里面又派生出了联想投资系。要投小微的公司，有做IPO的公司，什么企业赚钱，我就投资谁。

就像雅戈尔服饰一样，股价高低并不取决于服饰产品，而是投资收益，例如企业最近股票投资成功了，股权投资成功了，收益就很好；哪一年投资不好了，又下去了。

当然了，未来整个商业环境一直在变化，我相信联想也会不断地随波逐流，跟着市场不断地变化，我也不去褒贬，这也是一种战略驱动的模式。

3.资源能力导向型

中国电信、中国移动、中国联通的核心就是牌照能力。你说他们有什么能力，飞信产品被淘汰了，网络语音干不过微信也干不过钉钉，他们拥有什么？他们拥有国家给的这一套牌照资产，拥有国家给的整套的硬件资产。

然而人是这样子的，靠山吃山，靠水吃水，当你把自己养得肥溜溜的，你认为你还有什么创新的动力？当然你可能会说他们也创新了很多，短信套餐、语音套餐、流量套餐、客户服务开发系统等，对不起，这些不是所说的整个商业模式的颠覆式创新。

前些年山西煤老板也是这样的，国家还没禁止他们开挖煤矿，那段时间没有谁在煤老板面前是有钱的，山西有些地方的煤矿越挖越少，而政策突然一卡，资源没了，煤老板也消失了。

根据资源去做事情也无可厚非，这也是一种模式，所以我给大家把第二点讲清楚，如何获得关键资源能力跟你的战略驱动的模式有关系。

在整合资源的时候，还是特别考验一个人能力的时候，吉利为什么能发展这么快，主要是李书福善于整合资源，长袖善舞。我个人并不认为吉利的制造能力怎样，我觉得吉利最厉害的核心能力就是资源整合能力，第一，他能够整合政府的支持，吉利当时跟大庆、国资、上海佳尔沃一起合资做了一个80亿元的北京吉利万源国际投资公司。正是因为有了一半国资的钱，吉利才能够收购沃尔沃，这个是相当考验李书福的资源整合能力的，所以他是积极寻求外部资源的整合。第二，找外部的人，吉利的并购团队是很牛的，例如，吉利有个200多人的全职运作的并购团队：华泰汽车原来的老总童志远，世界500强英国BP的财务内控张凡，菲亚特中国区总裁沈辉，国际并购专家英国BP袁小林，这个团队是很牛的，这个团队支撑吉利去做国际的并购。

吉利在并购沃尔沃之前已经并购了英国的孟铜、澳大利亚的自动变速器公司DSI，所以他也有一定的并购经验，特别擅长用并购的资产做抵押，向海外银行去贷款。

第六节　关键资源如何转化成企业的竞争优势

资源整合能力的高低，取决于和商业模式的契合度高不高。

例如我自己，我虽然主业咨询，但其实我的培训水平是很高的，我在过去的多次培训授课中，客户满意度非常高，无论是现场评分还是讲完课之后，大家要加我微信，并请我继续做咨询，项目的转换率都非常高。

其实我完全可以把公司的商业模式从咨询公司变成培训公司，因为我有非常强大的咨询能力、原创能力、感染能力，但我的商业模式是做定制化客户，做深度咨询的公司，名字也叫Deeper。所以，哪怕我个人最大的关键资源是培训，但我一定要定位做咨询，那么就不匹配了，最优势的资源没有匹配到我最优势的商业模式上面。

希望读者可以深刻地剖析自己，从生意本身、客观理性的角度去思考资源跟商业模式匹配。

资源如何造就更高的企业价值?

其实就是解构和结构。

例如制造业从设计、研发、生产、制造、营销、物流、人力资源、财务各个模块，所有的要素全部先打散，把它所有的要素全部分解开来，然后拿着这些要素去跟你的交易结构的主体做重组，你设计、研发、生产、制造、营销、物流，跟你的供应商的关联，跟你的客户的关联，跟投资企业的关联，跟替代技术的关联，跟平台生态模式之间的关联，与不同的交易主体去做重新组合。

我这里举个例子，怎样做到F2B2C？原来的大B全部干掉只跟小B合作，现在有很多新型的模式，如城市的城郊接合部，有厂家建的大型的奶粉仓储基地，相当于一个电商基地，万达里面这些小的奶粉店，自己全部不存货，只提供展示功能，你看好了这个奶粉由城郊接合部的仓储直接向你家里发货，这样就避免了原来行业所谓的大桶奶粉灌小桶，小桶奶粉去封装，层层加利润，时间超负荷的经销代理模式。你看他就把厂家在物流在营销的交易主体从跟经销商的配合转变成跟终端店的配合，这就提升了它占据产业利润的空间。

总之，资源种类多，但关键资源取决于和商业模式的契合程度。从放大商业模式作用的角度，有的放矢地整合资源，胜过没有头绪地四处拜菩萨。

第七章

企业价值

第一节　什么是企业价值

就像我此刻站在你面前写了一个“马”字在黑板上，我想1000个人的脑海里面有1000匹马，而且这些马都是不一样的。

那价值在我理解到底是什么？从我的角度理解就是个数量值。价值从本身来讲，它并不是一个抽象的解释，其实是一个非常具象的解释，是指一个具体的数量值。在我的脑海里面价值是可以跟数量值画等号的，也是可以相互交换的，只不过大家平时说价值说顺口了，很少用数量词去表达。

那么价格是什么，价格就是价值的货币表现形式。

所有企业家经营企业都是为了追求企业价值，那么对一家上市公司来讲，其实就是股票价格表现。

对所有的企业来讲，价值就是投入产出的比率，也就是所说的ROI。那么这个比例关系就决定一个企业在使用商业模式的合理性，以及他使用产出的效率的高低区分。在商业模式里面讲价值，跟传统的管理学相比，价值有很多异曲同工之处。

1. 价值链

一个传统的制造业企业能够把一堆原料变成一个产品，例如原料的总成本可能就是四五十元，但是最终的商品价格，可能是100元。那么从50元变成100元，这就是传统价值链讲的价值增值过程，那么我们来看它是怎样实现增值的。

首先，产品要进行设计。乔布斯在做手机之前，他就想要一个不用键盘，靠人手的工具的手机，因为乔布斯认为手才是人类最好的工具，而不是借助于外在的一些东西和工具。

那么有了这个理念，工程师、研发人员就按图索骥，去找寻能实现他的想法产品，这就是产品设计。所以现在中国，对IE工业设计这一块理解得不是那么深，富士康的郭台铭董事长曾经讲过一句话，IE未来是制造业最主要的驱动增长力。

其次，产品的研发。所以说很多公司只有研发，没有设计，而且很多公司只重研发，不重设计，这其实是不对的，因为研发的人未必懂消费需求。那么在研发之前，很多企业有产品经理，产品经理就是做设计，研发的人员无非就是按照市场的需求，按照产品经理的指导去实现产品的功能。其实是把一些概念形成一个产品，这是从看见化到产品化的巨大转变。

再次，研发出来了之后，当然要去制造它，从打样到小批量生产到大批量生产，这个过程就是生产环节，生产环节主要是把一个产品变成一个商品。因为你要大批量的生产，你要考虑成本，考虑消费者的接受程度，所以生产过程中其实已经有商品化的概念穿插其中了，那么生产就是把原来研发出来的单机单项变成批量化生产，然后来看一下综合的产出成本和能够获得的效益。

生产中间会穿插技术和品管。技术是对自己的产品的方案不断地修正，对参数范围不断地去缩小，去验证，例如原材料现场检验，制程检验和成品检验，做一些质量的管控，降低产品不良率，提高产品的盈利能力以及降低消费者未来使用产品的风险。

把产品做好了之后，最后就是很重要的一个行为——营销。营销主要是把产品卖到顾客想消费的时间和地点里。那么配套营销的当然就是物流，我上面讲的从设计、研发、生产、制造到营销物流，这就是一个价值链增值的主服务流程，也把它称为价值链，就是迈克尔·波特教授经常讲的valuechain。

2. 价值三段论

就是发现价值、选择价值以及交换价值。

怎样发现一个价值？把一个固定的市场细分然后再细分，确定其中是否还有未被满足的需求，然后寻找比竞争对手做得更快、价格更低、服务更好的产品解决方案。那么，在这个过程中，也延伸出很多战略的分支流派，其中之一就是利基战略。利基战略是指那些大企业看不上，小企业又做不好的市场，那么就给了一些可以坚持差异化战略的中型企业异军崛起的机会。

发现了价值，我就选择他们，利基市场就是一种选择的工具。选择一个价值，不只是做一个定位这么简单，你还要为选择这个价值测算你的投入，例如在人财物三个方面你是否能够把握这个价值点，评估完你的投入资源之后，这个价值点未来的回报能不能满足你选择的这个利润、这个价值点的回报。这是选择价值，经常用一个模型——BCG投资模型，一个是市场吸引力，还有一个是企业竞争力。市场吸引力，经常强调的因子包括市场容量、平均利润率、行业的增长率、市场的进入门槛。那么企业竞争力主要是指资源人财物，去做这个市场有没有足够的资源去匹配它，契合他。企业的这个战略定位是不是跟要做的事情比较契合。企业的组织架构、组织的运营能力能不能去获得这个市场，那么它也有四五个因子，跟市场吸引力交叉就可以得出企业最适合选择的那个价值的点。

那最后一个是大家最熟悉的交换价值，交换价值其实主要关注三个流，一个企业把产品卖给消费者，这个叫产品流，或者叫服务流；那么你或者这个产品消费者，肯定是要让渡使用价值，你肯定要支付企业一定的回报，往往支付的就是金钱，那么就要现金流；为了达成这个交易大家要进行信息的交互，例如讨价还价也是一种信息，这个就叫信息流。

第二节　基于商业模式角度认知和打造企业价值

交易价值减掉交易的成本就是价值的中间差，这个中间差在经济学校的专业术语就叫价值空间。价值如何增值，受三个方面因素的影响。

第一个影响要素就是商业模式，因为价值空间除以交易价值就是商业模式；第二个影响要素就是战略，战略主要是指交易的价值；第三个就是管理的控制，主要表现为货币成本。

商业模式其实跟需求有交叉关系，总共形成四种变量关系，需求跟商业模式是相同的，不同的它会产生怎样的四种不同的价值驱动的模型。一个好的商业模式的评价标准就是高价值创造低价值耗材，通俗一点就是挣得多花得少。在平台和生态模式里面，还强调价值共享的问题。

来看不同的价值创造和不同的需求的方式会产生一些怎样的不同的模式。

1.相同的需求，不同的商业模式

为什么相同的需求也可以采用不同的商业模式？为什么会有不同的商业模式？因为不同的商业模式决定了一个企业盈利水平的高低，就讲一个最传统的大卖场，大卖场大家见过有三种做法，第一种做法就是银泰百货这样自营，那么我来赚商品的中间价差，哪怕你是我这里面的专柜，你也必须通过银泰统一收款，然后进行分成，所以银泰是一个典型的交易价差和分成的运营商。

那么再举一些纯粹一点的只做租金的例子，像红星美凯龙，我也不去跟你分利润，我只管租房子，我一年有固定的收入模式，这就是租金模式。还有一些就是纯分成模式，所有在卖场里面的商品，我不收你们固定的房租，那么你们卖掉的东西，我跟你们分钱，如果这个品牌卖不动了，我就把你赶出去，再重新招商。

大家有没有看到，第一种模式就相同的需求，也会有不同的满足模式，不同的企业做不同的模式，就会产生不同的价值。相同的需求，提供不同的模式，其实就两个点，第一个交易成本怎样最小化，第二个价值空间怎样最大化。

2.需求不一样，有相同的模式

例如利乐的公司模式，就是借鉴了吉列刮胡刀的模式，你看一个刮胡刀，一个牛奶灌装线，八竿子都打不到一起的。他们虽然面对的消费客户不一样，却设计了一样的模式，就是刀架跟刀片模式。

我相信很多男士用过刮胡刀，刀架卖得便宜，你到小超市去买可能也就十几块、三十几块，当然别的可能贵一点。但如果你要单买刀片可就贵了，原理很简单，想赚耗材的钱，用刀架来扩大市场占有率，然后刀架设计特殊的卡扣，只能使用吉列的刀片。

很多跨行业的企业就受这个模式的启发，采用了这个模式。像现在很多国内的企业如饮水机，他跟你说我跟你小区免费接送，给你打折，给你买证。反正用尽一切的力量，把饮水机推到全国市场去，那么他要挣你什么钱，他要挣里面的膜钱。例如过滤膜，所以膜可能会卖得很贵，虽然他是高暴利，但因为它是一个耗材，你对这个几块钱的事情可能不会那么关注，所以，他就挣了很多耗材暴利的钱。

3.需求相同，模式也相同

这个时候，大家比的是管理效率的最大化。这个就不用我说了，这是中国制造业都在用的模式。例如沿海城市台州，它有很多OEM的企业，就是给外国企业做贴牌生产的，大家都生产一个球阀，那么大家都是做外贸，客户是一样的，也都是通过展会营销的，生产设备也差不多，工艺流程也差不多，那么他们就不能去比商业模式客户需求，他们就要比管理效率最大化。所以，这些企业注重对采购原材料的价格控制，生产效率的提高，损耗的减少，努力提高时效和品效。

4.需求不一样，商业模式也不一样

这种比较容易理解，就不展开论述了。

第三节　商业模式的会计核算

既然价值是一个数量值，那么就存在着一套基于商业模式的会计核算。

商业模式就是研究交易结构的，研究有利益的相关人之间的交易结构。商业模式由各种各样的交易活动组成，并形成不同交易结构。

如果不去做经营和管理活动，是无法产生交易价值的。其实大家看互联网的跨界创新，都是对原有的利益相关者以及原有的活动系统、交易结构的增加或减少，要么就是拆掉再重组。

学会商业模式的会计核算对于如何去设计商业模式是非常重要的。大部分市场上的江湖策划人，都特别善于做点子，很少用数据说话。不知道什么是商业模式的系统，仅仅知道营销创意的区别。这个世界上有很多点子大王，以前中国也有，为什么现在不见了？原因很简单，头痛医头，脚痛医脚，以点带面的世界已经过去了。现在做竞争，要从整个顶层架构严格严谨地设计。

在商业模式，会计就是指以商业活动缓解和交易的主体为核心，分析每一个活动、每一个交易的主体资源占用情况、收入成本情况，以及导致收入和成本变化的这些变动的因素和因子是什么，并且根据这些导出会计核算，然后用会计核算的结果，或者用模拟来辅助运营决策和商业模式设计，这样一整套就叫商业模式会计。

其实我讲的这个事情也不新鲜，在很多传统企业内部做产品定价的时候，他们也知道营收就等于价格乘以单价，他们会模拟怎样的数量、平均单价更有利于企业总体收入的增加，这就是所谓的会计模拟，并不是说一味地定价高整体的营收就会大。因为曲高和寡，你定价高买的人少，最终收入也会变少，并不是说数量越多，收入就一定越高。商业模式的会计，总共分为三步。

1. 识别每个活动及其所需要消耗的资源

例如采购，采购有哪些活动？有商业谈判，采购有供应商管理；例如仓储，仓储有入库管理，日常货物管理和出库管理；例如后台，现在大家很喜欢讲后台、中台和前台，后台有财务、信息化、人员；例如物流，物流就包括包装和配送；例如销售，销售有促销的策划，促销的活动和销售的推进。所有的活动都是会消耗资源的，只不过每一种细分活动消耗的资源有大有小。

2.分配资源，分析变动因子

把这些资源分配到不同的交易活动上，然后分析什么东西能够增加价值，什么东西能够降低成本，这个变动的因子到底是什么，把这个因素找出来。

采购讲BOM成本结构分析。做过报价的人都知道，产品价格都是由原料辅料、工装折旧、辅材消耗、人工、包装、物流及税费等构成。

例如我刚才讲的活动，以采购打个比方，采购部一般下面分两个部，大一点的公司都会有，一个叫供应商开发，一个就是日常采购。

供应商开发就会涉及选择供应商的搜索成本、人工成本和商务谈判的议价成本，以及旅差费。例如，你要买原料、模具、工装、设备，这都是采购内容的成本。这些出差的、议价的、找供应商的都是交易本身带来的成本。原料是一种产品，也是一种商品，商品就叫货物成本。总之，跟内容有关系的就是货币成本，跟交易有关系的就是交易成本。

价值增值，就是交易价值减掉交易的成本。交易成本又拆分成两个，一个是交易成本，另一个是交易成本里面划分出来的货币成本。这就是投入产出效率。影响采购环节有几个可变的东西，不是一成不变的固定成本。

例如第一个人工，你用三个人做采购还是用六个人做采购；你用5000块钱的采购员工，还是用15000块钱的采购员工；你是只交社保，还是交五险一金……这些会直接影响采购成本的变化。

第二个就是议价成本，议价成本也是变动的。经常说货比三家，但是有些人选的商家刚好都是抽样里面最不科学的商家，三家报价都很贵，而有些人可能通过大数据筛选，他最终筛选的这三家比价确实有利于公司最好的性价比。对采购议价成本影响比较大的就是采购规模，为什么富士康能够买到全球可以说是相对比较低廉的材料和设备，因为你要知道人家一年采购7000亿元，而且跟富士康合作基本上没有货款的回收风险，无非就是周期早一点或晚一点。还有旅差费，你要做供应商开发，你也得出差。

这些都是变动的，这些不同的因子会影响旅差费的增加或减少。那么在采购本身，采购规模、员工数量及人员成本控制会极大地影响采购环节，尤其在商务谈判环节，成本的高与低。所以，尽管交易的主体里面有不同的交易活动，但是因为不同的变动因子，它会使你的成本增加或者减少，这就是所说的第二步。把资源跟活动结合起来，分析有哪些具体的变动因子会提升价值空间和降低交易成本的。

3. 商业模式会记核算

就是把活动环节分配到相应的核算对象。

一般是指交易的主体，然后形成利益相关者的投入和产出，刚才只讲了有哪些活动及影响这个活动成本多与少的一个关系，下面要做的就是把这些活动的主体结合进来。

例如刚才讲采购，采购里面跟他有关的是哪几类，一个就是供应商，一个就是自己的员工，供应商里面又可以分为原材料的、辅料的、设备的、工装的、不同系列的供应商。那么这些活动对应的不同系列的供应商，成本的变化是不一样的。例如，对一个非常小的供应商，如果你自己是一个非常大的企业，这个小的供应商为了获得你这个样板案例的客户，他可能会以低于市场的价格，甚至以自己亏损的价格卖东西给你。如果在品控可以得到保证的前提下，你可以适当地去选择一些小的供应商的产品。所以大家不要认为，买一个东西的成本永远是一样的，以及为了买这个东西，你的出差和讨价还价的成本也是一样的，这个都不一定。

有家纺织机械企业也是把很多零件交给自己职业经理人开的供应商的工厂。结果发现，这些人开的工厂的产品质量远低于市场上能采购得到的产品的质量，而且他们的供货价格实际上比外面还要高。为什么会这样？因为老板经常不在，其实就是由职业经理人说了算。你想他如果有两块利益的时候，他会让自己打工的工厂采购商的利益最大化，还是让自己独自拥有的供应商的工厂利益最大化？这是个闭着眼睛你都能想出来的问题。

最后就把这些核算的内容，有哪些交易活动，让交易活动能够产生多大价值和降低成本的变量的因子是什么，以及这些活动的主体是谁，把它统计到传统财务里面的会计科目里面去，就形成了传统会计科目里面的三张表：利润、资产负债和现金流量表。

传统的财务会计做账，现金流量表、资产负债表和利润表，你看不到动态过程，他们只能够展示静态的结果。商业模式会计，好就好在他能够把不同的利益主体，要拥有哪些资源，会产生哪些经营活动做交叉分析，你就可以知道，不同的交易主体用不同的活动结合不同的资源就可以设计出不一样的效率的商业模式。

总之，企业家学习商业模式的价值打造，我有几点建议：

（1）学习企业三张表（资产负债表、利润表、现金流量表），这只是经营企业的初级要求，不适合创业。

（2）如果你真的像会计一样把三张表看成静态的表，只知其然不知其所以然，知其所以然之后，不知道用怎样的经营活动去改善企业的成本结构、去增加企业的营业收益，那么你也不是一个称职的老板或者CEO。

（3）当你发现了这么多提高收入、降低成本的方式和方法，你不懂得把这些东西形成一个套路，让套路之间形成一个圆圈，让他闭环，而且每个因子之间可以围绕着一个核心——客户，相互之间产生不同的关联和作用，不同的因子会产生不同的结果，然后有些是杠杆的放大效应，有些是平进平出的关系，如果你不知道这些效率中间的计算方法，也不知道运用这些计算方法去设计你的商业模式，你也不是一个称职的CEO或者老板。

关于商业模式六要素，要素之间是息息相关的，有时呈交叉变量关系，有时呈线性相关增长关系。学习商业模式，是要把企业经营效率提高，例如提高价值，降低成本，并且把控风险。

对以上章节简单梳理一下：

（1）定位不是指营销学的消费者画像，而是做商业模式的定位，决定跟谁在一起做生意，这个叫交易结构。

（2）交易系统是指你已经决定了跟谁在一起做生意，那么有不同的利益主体。例如股东结构、供应链结构、客户需求结构等。那么彼此的哪些交易活动能让你的交易系统效率最大化，实现增效降本。

（3）盈利模式，怎样在收入和成本两端实现增收降本。

（4）关键资源，我把资源细分成很多类型的资源，但资源是否关键，要看跟商业模式的关联程度。

（5）现金流结构。现金在一段时间的收和支形成了时间序列方式，怎样提高现金流的周转是关键。

（6）企业价值。这是衡量商业模式的唯一标准。

总之，商业模式优化是每个企业都必须思考的问题。初创企业需要建立商业模式，成熟企业需要优化商业模式。未来，懂商业模式的老板和高管团队，将带领企业创造更大的企业价值。

第八章

启发案例

淡马锡：国企商业模式改革标杆

关注了解全球经济的人都知道，淡马锡集团是新加坡的一家国有控股集团，也是全球国有资本运营的标杆企业，经常被各个大学、研究机构作为经典案例分享。那么，淡马锡究竟是一家怎样的公司？其商业模式、资本的运营管理方式等又有哪些独到的地方？市场战略方向又是什么？

“淡马锡”是新加坡的土语旧称的音译，淡马锡公司成立于1974年，是由新加坡财政部负责监管、以私人名义注册的一家控股公司。

淡马锡以控股方式管理着23家国联企业（可视为其子公司），其最大的特点是资产大部分在国外，主要业务领域在金融、电信、工程、物流运输等方面，是一家非常优秀的资本控股企业。

20世纪70年代，新加坡刚刚建国不久，当时面临最重要的问题是：国家缺少资金，私人资本也不够。由于投资能力有限，国家很多基础建设无法通过民营资本和引进外资解决。

很多民营企业家，通常不愿意涉足高风险高投资的工业项目，例如造船、石化、钢铁等。新加坡为了发展这个市场，于是自己创办了一批国有企业，通过财政部进行管控，但由于效率低下，于是成立了淡马锡，用控股的方式进行管控。例如，新加坡发展银行、海华轮船公司、新加坡航空、三巴旺造船等都是淡马锡早期的资产。所以，淡马锡的定位其实类似于帮助新加坡财政部实现国内基础产业配套建设的作用。

20世纪80年代，新加坡经济稳步增长，尤其在1986年到1998年，新加坡的平均增长率高达8.5%。同时，淡马锡参与并控制了新加坡大部分高新企业的控股权，控制着新加坡的经济发展命脉。在这一过程中，淡马锡的发展速度非常快，投资平均回报率高达18%。

同期，中国国内的经济也进入了高速发展期。于是，淡马锡集团积极向中国、印度等亚洲国家进行海外投资，截至目前，淡马锡在亚洲区域的投资占比高达50%，另外50%则分布在欧美、南美等区域。

总而言之，淡马锡的商业模式是非常成功的。在三十多年的发展过程中，淡马锡的资产总额在20世纪末就超过了一千亿美元，进入21世纪后，尤其在2003年，淡马锡的ROI达到了33%。世界各国乃至各个企业都纷纷到新加坡向淡马锡学习其运营模式。

淡马锡参与控股的产业项目，主要分为三大类：基建开发类、实验类的投资项目及专门的资产管理和资本运营的控股或参股公司。这类公司通常会有几种运作模式：产业基金模式、PPP模式、并购模式。

以上是淡马锡大概的背景介绍，接下来从四个板块对淡马锡公司进行分析。

第一，淡马锡的管理体制。

第二，淡马锡的公司治理结构，即法人治理结构。

第三，淡马锡是如何经营国有资产的。

第四，淡马锡与子公司间的权限划分。

1.淡马锡的管理体制

淡马锡的归口部门是新加坡财政部，公司执行董事兼CEO由现任新加坡总理李显龙的妻子何晶女士担任。

自从淡马锡经过高速发展之后，一直在增加管理的透明度，了解到的很多信息也是淡马锡公司主动披露的，总体上淡马锡这种模式，新加坡财政部作为国有资产管理者的一个代表机构，那么财政部部长任这个代表机构的主席，其次财政部作为管理机构，就管三家大型的控股公司，淡马锡是其中之一。那么淡马锡公司再通过独资控股参股，成为其国有企业的股东，例如新加坡的航空公司、金融公司、石化公司、码头公司等，避免政府直接参与商业的情况，实现了政企分离。那么淡马锡的独立法人身份，拥有非常充分的自主权，可以完全按照市场方式来经营。所以反而更加容易实现国有资产的保值增值。这里值得一提的就是淡马锡在管理体制方面跟欧美、中国很多国有资本的管理模式不一样，其管理权限授权度更高，淡马锡自主经营的权限更大，政府主要是控制人事权和审计权。

例如人事权，执行董事CEO是由财政部来任命的；审计权，即每一年主要审阅淡马锡的财务报告，然后通过年报来决定公司三到五年或者下一年主要的重大投资方向。

相比国内企业，在“一五”“二五”期间，国家成立了大量的国有企业。洛阳成立了洛阳拖拉机厂、洛阳轴承、洛铜等。经过二三十年的发展，这些国有企业都经营得非常差，最后分别转交了股权给央企。

对于这种情况，经分析，主要是因为国内的国有资本企业，没有很好的管理体制和有效的授权经营模式，导致很多企业在市场化和行政指令中间难以平衡，缺乏高度的市场经营自主权。新加坡淡马锡则与之相反，只管重大的人事任命和财报审计，其他具体的运作，新加坡财政部很少干涉，不介入企业具体的决策。

总体上来说，淡马锡管理体制就是强调高度充分的经营自主权，按照商业化的原则来运作企业。

2.淡马锡的法人治理结构

淡马锡设有董事会，投资者是新加坡财政部，那么财政部是通过怎样的形式来行使权利？那就是成立董事会，董事会一般有十名董事。其中四名由新加坡财政部提名，由新加坡总统批准。其他六名独立董事就是前文介绍过的，为什么是4：6？主要就是让董事会在职责方面比较明确，然后独立董事跟政府官员之间相互制衡。

一要做到独立，二要做到公正。淡马锡董事会上面又设了几个专委会。

第一个就是薪酬委员会，他会去审核淡马锡的薪酬增加和减少的情况，以及未来薪酬的发展规划。薪酬委员会非常注重高管的领导力发展。

第二个就是审核委员会，主要是做审计，不仅是简单的财务审计，还对经营活动的项目内容进行审计，同时也对经营活动的流程进行审计。他们的事后审计是比较严格的。

第三个是常务委员会，常务委员会主要是专门处理一些日常的事情。

经过这样的公司治理结构，淡马锡实现了监督权和管理权的分离。

3.淡马锡的国有资产经营

淡马锡的目的很简单，就是提高ROI，首先是公司盈利，其次是股东利益的最大化。

淡马锡通常会采取比较积极的投资和灵活的资本运作机制，实现国有资产的保值增值，那么这个保值增值，就是淡马锡对自己公司的定位，例如营收、股东利润、总资产增加、现金流量等。总体上实现国有资产的一个保值，在保值的基础上去做增值的工作。

淡马锡的股东管理方法，虽然在企业管理上只管财务、审计和重大人事的任命，但股东会积极地从战略方向行使股东权利。

淡马锡跟下属公司就是投资关系，都是从财务的角度来管理。不像国内的资本企业下设部门，除了财务部、资产部、投资部之外，还会成立运营中心、人力资源中心等多个部门。淡马锡这一任的CEO虽然是由新加坡财政部任命的，但淡马锡自己投资的公司，一般不太会直接任命投资公司的管理者，而是由下属公司自主经营。他们视野非常宽泛，新加坡大型的国有企业基本上都是人才全球化，有欧美也有日韩的职业经理人，他们主要强调的就是专业分工，专业人做专业事。

大型的集团一般有三种管控模式：第一种是运营管理型，这个就管得比较细。不仅管子公司的财务、战略、运营，甚至子公司的人事、后台等会进行非常细致的管理。利是母公司对子公司控制权非常牢；弊是子公司非常容易丧失积极性，而且企业经营的效率非常低下。

第二种管理模式是财务管理型，即除了财务，其他板块统统授权给子公司。双方就是一个纯投资关系。这种模式的优点就是子公司，尤其是发展比较成熟的子公司，对自主权有较大的要求，能够实现自主决策，灵活经营；缺点就是管控比较松散，不容易控制。

第三种是战略管理型，介于以上两种模式之间。母公司除了对财务进行管控之外，还涉及子公司重大的投资事项和业务发展规划。目前，这种战略管理型的模式已经成为中国国有资本企业和大型民营企业集团的主流管控模式，这个模式经实践证明也是相当成功的。任何一家公司，当它发展壮大了子公司，无非就是三种状态：全资子公司、控股和参股。那么这三种状态的公司里面，其实战略型的管控方式比较成功，子公司的发展方向不容易偏离整个集团的战略规划，而且重大事项做审计的话也容易规避风险。老板也很容易剥离一些跟主业无关的无效资产或者不是主要的战略资产，那么同时，这种管理模式还有一个好处，就是让子公司有非常灵活的人事权和业务权。

这三种集团化的管理模式不论采用哪一种，一般都是三级架构，首先集团公司自己要有一个董事会。董事会对重大项目进行开会决策，那么这里面需要注意的就是在董事会这一架构层面，要大力地发展独立董事。现在国内的民营企业集团，还有国有资本集团最大的问题就是董事会里面的股东都是利益方，没有非常独立的第三方董事从业务本身专业的客观角度、非关联的角度对业务本身发展提出一些有利的建议，如果说股东都是带着利益来看问题的话，很容易做出不利于业务本身发展的一些决策。

其次，董事会成立了之后，要有一个资本的运作平台。这个资本运作平台不会参与具体的项目执行，其主要任务就是融资和投资。投资又分为两种方式，一种是市场化的项目；另一种就是政府项目，例如民生工程。

那么第三层架构，就是SBU（Strategic Business Unit），即战略经营单位。

在这三层架构里，用运营管控型、战略管理型还是财务管理型，其实都要秉承一个原则——合适原则。

在淡马锡集团，从1974年成立到现在这几十年的发展过程中，业务战略一直都是非常明确的，首先他投资区域市场的战略就是投在新兴的发展中国家，增长速度非常快的一些新兴的区域，例如中国、印度是新加坡重仓投资的，因为他看到了新兴发展中国家的成长，会需要大量的基础建设，基础建设方面需要大量的资金和优秀的基建管理运营的经验。所以，他就重仓投资了很多新兴的发展中国家。

其实大家看全球经济发展得好的国家基本上就两个类型，第一个就是以欧美文艺复兴为代表的国家，第二个就是以东亚中日韩为核心代表的国家。新加坡投资这种新兴增长经济体的时候，特别注重奋斗、自力更生、艰苦向上的文化精神。这一点，你可以从新加坡的财务报表里面感受到。他在亚洲，在欧美投资的项目就会比较多。

淡马锡在这一点上是通过两个大的投资方法来实现的，第一个是产业，第二个是金融。首先是产业，他自己做了大量基础建设的公司，例如新加坡淡马锡跟苏州市政府联合成立城市开发公司，有一个股权的控比关系。然后由他们一起来开发苏州工业园，不光解决了资金的问题，也解决了开发模式问题、招商问题及后期的园区管理问题。

淡马锡非常注重对新兴发展中国家的金融机构直接投资。例如中国建设银行、中国银行等有很多银行都有淡马锡的小微股权，那么还有一些发展比较快的，像民生银行，他们也做了大量的投资，不仅是做银行类的投资，证券保险信托机构淡马锡公司也做了大量的布局。这就是淡马锡在业务战略上的第一个小点，他会选择用产融结合的模式。产，主要是工业园区开发；融，主要是金融机构的直接投资来对新兴发展中国家投资，然后获取大量的回报。

淡马锡集团还特别注重中产阶级消费的产品投资。

这几年，新加坡的发展经过石化时代、码头时代，现在完成了产业结构的转型升级，向金融高科技产业去转型。那么在这个过程中，例如它现在主要投资的方向叫智慧金融，那么在这一块，它主要看到的是全球基数最大的，也是有消费力的中产阶级的需求，即中产阶级这个群体的消费行为、消费态度、消费价值观。

这三个方面是新加坡淡马锡每一年会花重金请第三方研究机构咨询公司做大量的咨询，也会请很多行业的独立董事汇报大量的意见。那么这么大的资本集团为什么要去投中产阶级的消费市场？包括上海的复星集团也是这个思路，他们为什么不约而同地做着这个业务选择？

其实道理很简单，任何一个发达的国家，发展形状一定是橄榄型，两头小肚子大，富人占一小部分，穷人也占一小部分，中产阶级有很多，这样的国家一般政治结构稳定，老百姓生活幸福。经济健康发展，那么只有中产阶级的人口数量增加，一个国家才会有真正的发展。美国建国这么多年，基本上没有经历过朝代的迭代，经济发展一直都是很稳健，包括特朗普上台，其实近年来美国的经济增长率在百分之二点几接近3%，所以这就是为什么中产阶级消费是淡马锡的一个主要投资的业务方向。

淡马锡做了大量的高科技产业的投资，他每一个阶段的投资方向都是根据时代情况制定的。现在是投高科技，在新加坡1974年整合的时候主要投基建，例如造高速公路、修码头，第二阶段新加坡要发展国际航运中心，第三阶段的新加坡要搞石化中心，后面新加坡要搞国际金融中心。他在不同阶段会有不同的业务重点。现在主要方向是数据资产，例如金融科技、人工智能。

不论淡马锡怎样做业务战略，他跟很多其他公司的策略是一样的，都是做大量的产融结合，通过产业加资本完成一个企业在某个行业内头部企业的整合，然后用头部企业的规模优势改善行业的结构成本，挤压其他企业的生存空间，瞬间完成对一个市场的收割。那么，这个模式真正比较成功的还是美国的GE，新加坡淡马锡发展思路虽然是这样，但是在产融结合方面还是GE公司做得更好。

淡马锡的管理架构，不论是董事会高管层面，还是下面的部门子事业部的职业经理人层面，都坚持精英治理的原则。新加坡跟传统意义上的资本主义国家的管理模式不太一样，比较强调集权。去过新加坡的人都知道，如果你在马路上吐痰可能都会被鞭刑，管理非常严格，但同时又是非常有效的。

淡马锡一直坚持也非常难以坚持的原则就是让专业的人做专业的事情。在不同的细分领域、不同的行业、不同的职能对专业的理解深入程度会决定一个事情的发展方向，会决定业务的发展质量，甚至会决定后面的发展规模。

在淡马锡的董事会里，4∶6真的是非常难做到的，有6个独立董事，资产方拥有新加坡财政部指派的4个人，所以你会看到他们真的是坚持市场化运营的原则。

任何时候一个企业的商业模式要自我进化，一个基本原则就是不断地加大市场改革的力度。市场改革，一开始看上去像经济改革，其实是体制改革。即体制一定要支撑经济的高速发展，如果体制改革不及时，不透彻，以后面对经济发展就会有大量的制约。例如淡马锡董事会比例的原则，就是充分考虑到企业要能够做到大部分事情的独立的自主决策，才会有高的运转效率。因为淡马锡放得很开，注重结果对股东回报的保值增值，淡马锡有一点做得比较好，因为国家非常小，就向全球去招募人才，向全球招募最顶尖的职业经理人来做公司的运营管理，这就是非常好的概念。

我现在也在做很多大企业集团的咨询，会看到一些非常有趣的现象，例如，最近我做了一个400多亿元的企业集团咨询。这个企业大部分的部门经理都是那个县级市的人，其实这是一个非常简单的逻辑悖论，不可能那个县出来的人都是人才，所以说这就非常考验一个集团的发展需求和发展格局。

因为你只有用最专业的人才能赚到这个世界上最稳健、最长久、最丰厚的利润，如果你把商业模式的六要素透彻地掌握了，你就会对这个世界的经济现象、企业现象做更深层次的剖析。

贝贝拉姆：新零售奇迹

贝贝拉姆是一家神奇的企业，这家企业创始人邢品玲女士用社群的理念、社群的方法短时间将企业发展到全国各地，现在已经拥有门店11000家，微信社群4万多个，这里主要分四部分对贝贝拉姆公司进行分析。

1.商业模式

贝贝拉姆公司是2012年4月1号在河南驻马店成立的，创始人邢品玲女士在这之前做过许多行业，煤炭生意做得不错，但之后她依然决定投身母婴产品这个有爱的行业和事业，于是在河南驻马店成立了自己的贝贝拉姆店。贝贝两个字一个是男宝贝，一个是女宝贝，拉姆是仙女的意思，意思就是仙女守卫的宝贝。

邢品玲女士在一开始的时候就发现单独运营一家母婴店，无论是采购的渠道还是采购的成本都不是很好，所以她想做联盟。她当时采用的联盟方式并不是现在所说的直营连锁或加盟连锁，而是有一点松散的欧盟模式。大家都知道欧洲是由很多个小国家构成，他们在主权上并不统一，只是形成了共同的经济合作体，欧盟也缔造了全球唯一一个不需要靠主权就能够让各个国家共同发展经济的共同体，在我个人看来，贝贝拉姆也是这样的一个商业模式。

贝贝拉姆在2012年到2014年以300~400家的发展速度让所有的企业共享品牌，大家一起集中采购，主要经营的产品就是奶粉、辅食、营养品、尿裤用品等母婴用品。到2019年，贝贝拉姆在全国已经有16家分公司，11000多家连锁加盟店。但去过贝贝拉姆上海总部的人会非常惊讶地发现，总部办公室面积并不大，而且只有11个人。

贝贝拉姆能在短时间内取得如此成就，离不开其优良的企业文化：爱国爱家的文化、爱学习的学校文化、强有效的部队执行文化。

贝贝拉姆采用新零售的混合渠道，既有实体店也有电商平台，还覆盖了社群营销、网红直播和合伙人模式。

到2019年年底，贝贝拉姆每个店基本上都能覆盖到200个以上的有效客人。现在的母婴社群已经有4万多个。

贝贝拉姆凭借微信朋友圈、微信社群这种流量模式做成了中国目前最大的母婴连锁实体，而且在这个过程中做到了轻资产，并没有去“烧”钱而获得了巨大的扩张。

这个奇迹现在还在延续。为了使自己的事业不断地得到发展，贝贝拉姆的创始人积极地开拓新的流量，现在她本人也在践行着抖音等一些新的流量方式来替贝贝拉姆赋能。

2.新零售

新零售这个概念是阿里提出来的。当时马云曾说过一句话：纯电商时代很快就会终结，未来将没有电子商务这一说法，只有新零售。

那么我所说的新零售到底是啥意思？新零售简单一点讲就是基于大数据、云计算等新兴科技手段，以数据驱动为特征、满足个性化需求为目的，通过接触体验式服务完成点对点的商业行为，例如盒马鲜生就是阿里集团对线下超市的一种重构的新零售业态。

盒马鲜生是超市，也是餐饮店，也是菜市场，消费者可以进行O2O，你可以在App上下单，然后到店取货，也可以快递上门，也可以到到店进行情景式体验。盒马和传统的零售线下门店最大的不同不仅是竞争空间，更主要的是竞争时间。有了盒马鲜生这样的新零售业态，顾客在购物时间上极大降低了成本，然后借助物流快递这样的新兴配送方式，就让传统的线下门店赢得了宝贵的市场竞争的成本。例如商圈的范围扩大，原有的商业地理位置不佳，那么通过新零售便会带来很多原来空间传统零售满足不了的需求。

一般来说，家乐福、沃尔玛都有商圈概念，但是盒马不是，盒马可以根据大家的集中需求进行上游的集采，可以提前一个月集采，等你需要海鲜水果的时候，购买价格将会非常便宜，不仅是时间上的争夺，盒马鲜生还注重体验互动，例如，盒马餐饮、基于门店的LBS地理位置配送以及生鲜超市零售三位一体来做新零售。

盒马鲜生的商业模式非常简单，如图8-1所示，在定位方面，盒马鲜生跟贝贝拉姆一样。

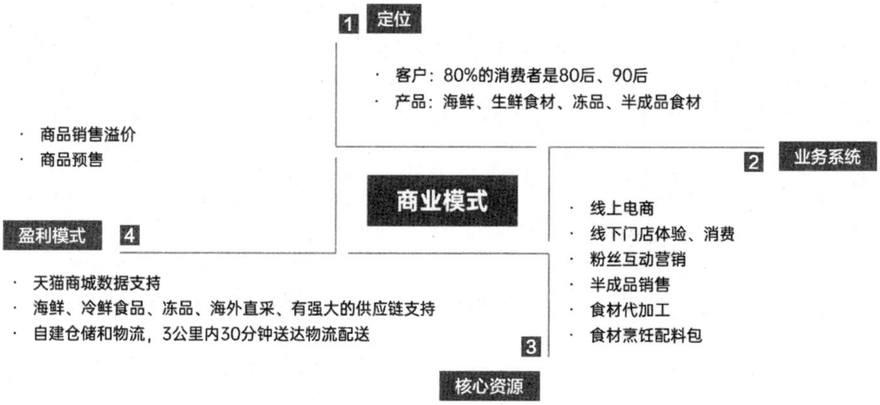

图8-1　贝贝拉姆盈利模式分析

现在80%的消费者是80后、90后，这些人更加习惯用移动端购物。盒马鲜生定位的产品是海鲜生鲜食材冻品和半成品，这是基于客户和产品的定位。盒马鲜生的业务系统是线上线下O2O，线上电商也做，线下门店也做，因为在盒马和阿里看来，最好的并不是纯线下也并不是纯线上。现在有一种说法：直播比开门店要靠谱，这个观念是非常错误的，其实O2O线上线下混合才是未来的主流商业模式。

盒马很早就开始注意粉丝的互动营销，当然中国在做粉丝互动这一块我后面会讲到小米，小米在这一块是这个商业模式的鼻祖。那么盒马鲜生为了方便80后、90后的烹饪，会把食材做成半成品，你拿回家炒就好了，或者这种食材的代加工，还有食材的烹饪配料包，这些商业模式被海底捞等很多的企业拿来学习。

大家可以看到，在业务系统上，盒马鲜生其实就是从不同的维度去降低客户的时间成本。盒马鲜生之所以能做起来，其一，核心资源是天猫商城的数据支持；其二，有强大的供应链，因为这些食品都是吃到肚子里的，如果食材不安全、不卫生、不营养，顾客不放心的话，就不会有市场；其三，自建仓储和物流。盒马鲜生所有的都是自建，在三公里范围内，半个小时之内就可以送到。

既然盒马鲜生给顾客带来了便利，那么它是通过怎样的方式挣钱的？

第一，商品预售。商品预售是一个很古老的话题，例如理发店让你办卡，那你把一年的美发的钱交了，这就叫商品预售；例如期货，期货也是商品预售的概念。大家都知道现金流是商业模式的核心指标，钱越早进你的口袋这种模式肯定是越好。

第二，盒马鲜生对部分商品进行溢价销售。因为它提供了配送，提供了及时服务，所以80后、90后更愿意为了时间价值，降低选择成本的价值去多付钱，享受一些溢价的商品。

盒马鲜生做新零售，之所以能做得起来，第一点就是降低价格，源头直采，没有总代理经销商，所以在保证菜品新鲜度的前提下就降低了价格。第二点，降低了毛利率，传统超市海鲜，一般损耗比较大，零售价一般比定价要高一半；而盒马鲜生因为是源头直采，把毛利这一块就可以让利给消费者，因为它没有传统超市的海鲜的损耗大，所以可以降低自身的毛利卖给消费者。第三点，盒马鲜生确实提高了新鲜度。因为流转是直接的点到点，所以不论是牛奶、海鲜还是蔬菜，都足够新鲜，保证了盒马产品的核心价值。第四点，盒马鲜生的保鲜包装，盒马鲜生的贴体包装技术，新一代的包装技术确实是比传统的技术能够保证菜品足够的新鲜度。当然，盒马鲜生自建物流，以盒马鲜生超市为中心，用常温配送替代冷链物流，所以成本又节省了，

3. 多渠道营销

讲完盒马鲜生，前面又简单地介绍了贝贝拉姆，那大家应该明白传统零售最大的特征就是单渠道营销。以前，做门店的就只做门店，做渠道经销的只做经销，做批发的只做批发，做电商的只做电商，做微商的只做微商，做社交电商的只做社交电商，做直播带货的只做直播带货。任何单一渠道的销售行为都称为传统渠道营销，哪怕最近比较红火的电商直播，无论是淘宝直播还是抖音带货，都是单渠道营销，是一种非常传统落后的销售行为和理念。

新零售往往是多渠道营销，即一个企业的产品到达顾客的手里面不是只有一种方式，而是有多种方式，最主要的特征就是O2O，因为现在一般都是线上下单线下交付，那么现在有互联网技术的便利性，包括LBS技术，也包括消费者特征的搜索技术，可以快速地用数据来支撑信息流，那么信息流交易变得简单，成本就直线下降。所以，大家一定要虚心地学习O2O，多渠道的升级版本就是全渠道，全渠道营销就是根据顾客，方便顾客，让顾客持续获得良好的体验感。

对渠道进行重新的选择和组合，一切都是为了让利给消费者，方便消费者，新零售在这一块做了非常多的积极的探索。例如无人便利店，你进去把产品选好，只要绑定你的支付宝，出来的时候支付宝直接把账单结算掉，这个之前在杭州、北京、上海、广州都有这种店。例如增强体验的新零售VR，之前VR虚拟现实做得不好主要是因为有眩晕感，眩晕感是由于传统的4G网络的延迟，就是超延时导致的。这一两年，国家会把5G建起来，网速非常快，VR就没有了眩晕感。那么，接下来VR装修这一块会得到广泛的推广跟普及，当然也不仅是VR装修，像VR旅游、VR游戏等，这个行业将会重新火热起来。包括之前阿里淘宝推出的VR试衣间，就是一个商业化应用的典型案例，还有最近确实比较火的直播间卖货。

直播间这种卖货渠道之所以这么能够带流量，其实很简单，人类接收信息文字不如表格，表格不如图画，图画不如动画，所以直播间这种动画形式、影像形式比较具有真实性、互动的特征，而且它是全方位讲解一个产品，再加上一般进行直播的产品都会比平时的折扣、降价幅度大，所以就导致了前段时间罗永浩的卖货取得了巨大的成功。

新零售说起来还是非常多，除了微商、微信社群的社交电商、传统电商、线下门店，还有场景改造、无界零售。

所有的这些东西都是后面有大量的技术做支撑，这些技术主要是大数据、人工智能算法，还有一些区块链，保证了新零售能够持续和长久地发展。大家一定要积极地学习适应各种不同的方法。

为什么要跨界新零售？因为传统零售市场的竞争实在太激烈，而且不仅是销售数量、总量竞争很激烈，顾客转换率也非常低，传统的门店依赖销售员工积极性、服务意识，商品的进、销、存需要经常盘库，顾客退货率也比较高，生存压力比较大。

当下的直播带货也存在商品管理难度大的问题，尤其在供应链质量把控这一块。

新零售在未来一定会得到长足的发展，大家无论是用微信卖货，还是用视频直播平台卖货，一定要明白技术手段是第一驱动力。大家可以自己去使用一些第三方的管理软件，例如，微信在很早的时候就有机器人加人，多群直播联播还有多群的机器人管理，还有微信后台的批量化信息回复，这些都是有软件的。

做视频直播的话，抖音除了自己上面用的一些滤镜，简单的添加音乐的技术，其实还有一些专业的软件可以美化你的视频。所以大家不一定要懂算法、懂人工智能，大家可以多学习平台的技术。

新零售的发展特征就是以前是以货为中心，现在一切都是以消费者为中心，这个商业模式最核心是围绕着消费者。

场景跟货物如何改善是新零售最核心的东西，大家要想从传统零售转移到新零售一定要明白，以顾客为中心。

新零售的另一个发展特征就是做全渠道的经营，最早单渠道，然后多渠道，然后跨区到最后就变成全渠道，在营销推广方面都是全域营销，无论是私有流量，例如微信社群、微信好友，还是公域流量，例如电商流量、搜索流量，现在都是进行全域的营销，传播也是全域的传播。

在未来，无人零售也会快速地扩张，因为人工成本会越来越高，所以说无人零售、无人快递会快递发展。上海的京东一号现在无人机只是因空域权管制，其实技术上无人机已经可以精准地送货，然后通过C2M的方式，即顾客集中订单，然后再到采购源头厂家把原来的这种仓储物流方式完全改善。像贝贝拉姆也是有很多的智能分仓，这些一个一个的小的智能分仓可以保证在短时间快速送到不同的小B端，小B端的店也是一个仓。

4.柔性供应链

关于柔性供应链，建议大家可以学习青岛红领和五芳斋集团，这两家企业都是做C2B供应链。在新零售业态下，因为都是线上下单，所以会产生很多的数据，而这些数据会倒逼产能配置。贝贝拉姆做了很多集中采购，但是批量总量并不大。新开发的产品类型包括贝贝拉姆的自由品牌的定制品，这在以前是不敢想象的，以前传统厂家做一个产品没有一定的数量不会推向市场，那现在如果消费者有个性化需求，通过C2M这种倒逼机制，就可以做产品的定制，而且数据驱动制造，还可以非常及时。而且它还能够打通产业链，你就会发现原来渠道是可以去中介化的，未来的主流商业模式就是F2b2c。小B端我个人认为还是替代不了的，但是中间的代理经销批发这种渠道，尤其在零售行业一定会被颠覆掉的，因为它们是增加成本降低效率的环节。

新零售最后一个发展特征，即新物种的崛起，无论是小程序还是

App，都可以发展线上到家的业务，用户消费体验也会越来越好。商品定位精品化主要是迎合消费升级，客群结构一定是年轻化。因为在掌上生活，掌上消费的主要还是80后、90后，尤其是00后，他们都是原住民，那么以后线上线下混合营销的渠道模式一定会成为主流的营销模式。

贝贝拉姆之所以能这么成功，首先是因为个人IP的打造。其品牌创始人邢品玲女士，就是一个典型的个人IP。当下“IP”更多的是一种个人品牌特征的表达。未来所有的营销都会个性化，所有的个性都会标签化，所有的标签都会人格化。

邢品玲女士为什么能成为IP？首先是因为其个人魅力，知性、好学且充满正能量。其次是有情怀，贝贝拉姆的理念是母婴事业，不存在有钱和没钱的分别，因为父母对子女的爱都是一样的。很多人表示贝贝拉姆只存在于三四线城市，认为其不是正规品牌。这种观念是很狭隘的。市场从来没有消费升级和消费降级的说法，一直都是消费分级，不同的价位、不同的品牌对应不同的消费人群。贝贝拉姆严选供应链，坚持把最优性价比产品送到信息闭塞、交通不便、采购知识匮乏的家庭里面。这是一份需要情怀的事业。然后是勤奋，邢品玲女士个人早已实现了财富自由，但依旧投身于事业，这份坚持源于其内心的驱动。其中不仅是贝贝拉姆本身所强调的父母对子女的爱，还有邢品玲女士产业报国的情怀，她希望给更多的缺乏新零售经验的人带去一些好的理念、工具和方法，让他们更快更好地融入全域营销的新时代。最后一点就是营销的力量。当下各种新媒体平台层出不穷，都是传播个人品牌的权益渠道，所以邢品玲女士每一次都会抓住流量的风口进行积极广泛的营销。熟悉贝贝拉姆的人都知道，贝贝拉姆的成功就是一部典型的朋友圈工具、微信群营销的经典案例。贝贝拉姆目前已有超4万的微信群。

未来商业真正有价值的地方，并不是技术专利、资本资金，也不是工厂现场、机器设备。未来最有价值的就是个人IP。

贝贝拉姆最经典的就是微信社群的运营。对于社群的运营，有三点希望大家注意：一是社群一定要有筛选、有门槛；二是最好的社群是产品型社群，有内容做支撑；三是运营社群要有仪式感。

小米创始人雷军每天曾回复一万多条信息，每一个C端个体都有价值，都值得被尊重。仪式感极大地加强了人们对社群文化的认知感受体验，继而成为这个社群的忠实拥趸，自发进行口碑裂变和传播。

总而言之，贝贝拉姆的商业模式，其优点就是轻资产，让利给终端，通过软文化统一团队；不足之处是，从资本的角度来讲没有人合并财务报表。

贝贝拉姆的盈利主要来自60%的自有品牌直供产品，她并不能去获得终端门店的盈利的分配。其实利润也并不重要，主要就是说除了自己1000家直营门店另外的一万家加盟的店都是松散的合作组织，这些所有的财务数据不能并在一张表里面，就导致一个可以IPO的公司就没有能获得这个机会，当然大家可能会疑惑为什么一定要IPO？因为任何产业的企业发展到一定的程度都是要产融结合的。当线下实体达到一定规模，就需要金融的赋能，而金融又带给企业更好的管理人才、技术工具和营销理念。

听话照做是贝贝拉姆社群成功的核心特征之一，但这并不意味着这种方式就适合所有行业。

所以，我觉得贝贝拉姆未来十年需要改进的地方是实现真正的数据化后台——AI智能营销。贝贝拉姆成功依靠的是地推、强势的管理制度和有爱的培训分享，但这些都是依托其他平台完成的，并没有把数据真正地沉淀在自己的后台，而且把这些数据全部流程化，通过信息技术影响每一个小b端和c端。贝贝拉姆可以借力大型的互联网企业，进行技术方面的深度合作，在未来的人才结构引进上需要培养自己的CTO、CMO。

贝贝拉姆的营销官已经很好了，真正需要落地的就是建立自己独有的数据库平台。因为未来谁拥有数据，谁就拥有更多的财富。

固安捷：如何在巨大的工业品MRO市场淘金

固安捷是一家成立于1928年的美国企业，专门做MRO的备品备件耗材的一站式销售。在固安捷刚刚进入中国市场的时候，国内尤其是上海掀起了一股模仿固安捷的热潮。这么多年过去了固安捷在全球做得怎样？固安捷在北美是一家上市公司，2018年的销售额超过100亿美元。这个公司也可以算是百年老店，因为1928年到现在2020年已经有90多年历史了，在美国当地被形象地称为美国工业品里面的沃尔玛。

毕竟我国工业制造业发展没有美国时间长，好多东西都是在模仿和学习。后面固安捷就来到了我国的上海。在上海是前店后厂，有店面也有在普洛斯物流园里面大型的仓库。总体上来说，固安捷在中国做得非常差，因为这么多年过去了，整体采购额比较少，这跟中国和美国在产业环境、产业发展的所处阶段有很大的关系。

首先，固安捷在上海也是只做正品，从不做假冒伪劣产品。但是大家看到在国内，有各种工业耗品，工业品耗材一条街，还有机电市场，例如菲斯托的电磁阀。

其次，固安捷在国内做也不便宜，事实上有一些急件的话，价格还会高出正常采购价的10%。那么你到国内的各个市场去看的话，一般产品价格都比较便宜，而且可能还有很长的账期，月结也是一种比较普遍的付款方式。

最后，就是在商品目录这一块，固安捷力求做到目录列的商品跟实际仓库的供应链商品基本上是能够吻合的，因为固安捷为了做好在国内的供应链，认为现地化供应、及时化是这种第三方一站式采购平台最大的优势。正品品类全、品类多，及时现货供应是固安捷的一个很大的特点。

那么对比看下来，国内有很多线下的门店企业，或者有很多线上的B2B的网站都存在品类不全、品类太少，或者品类有品牌的太少等问题，这里面稍微延伸一点讲就是，国内的线上商城把供应链当成电子商务来做。我个人认为是100%不会成功的，其实运营这么几年下来也证明了这个判断。

那为什么固安捷在国内一直都发展不起来？

第一点，固安捷强调替客户节省资金占用，所以它并不是完全屈从低价去定位自己的商业模式的，但是国内企业精细化管理程度比较低，尤其在经营上没有很深刻的概念，大家往往会比较注重营收的总收入数量，也会比较注重总利润，但是对现金周转没有太多的概念。这个很好理解，例如很多三线、四线城市父母给孩子买运动鞋这件事情就能说明这个道理，给小孩买一双耐克，父母会觉得很贵就不愿意买，他会买一百元左右很便宜的鞋子，但是一年要穿坏好几双，然后就会买好几次，其实算下来总成本应该和买一双耐克鞋差不多了。那你知道为什么会产生这样的行为吗？在工业制造业发展初期，人们的采购行为更加计较的是单次采购成本，对周期采购成本不太重视，所以人们就对单价特别敏感，要求供应商有很大的优惠才行，这是目前固安捷在国内很难开拓业务的一个关键原因。

第二点，与国内市场不匹配。因为固安捷在上海配套博世、西门子等企业是没有问题的，包括飞利浦，因为他们以前在国外就磨合过，而且他们的系统都已经跟这些大型的客户企业的系统做对接了。但固安捷对国内的国有企业、民营企业，还有部分合资企业的采购行为、采购态度、采购的价值观甚至包括采购的一些运作方式掌握得不是太好，不能够很有效地适应国内的商务习惯。

第三点，美国的工厂大部分都有专门的设备保养部门，他们能够买到耗材备品备件，在对应机器上能够实现自我保养、安装和维修。但在国内，除了大企业，中小企业在此处基本上是空白，所以非常仰赖于这种服务。但固安捷真正偏重的并不是服务，而是目录式销售和一站式店面，所以其服务并不是非常到位。

所以由于种种原因，固安捷在国内做得不是很好与在国外做得好形成了鲜明的对比。

讲到这里我就把固安捷在北美及在中国基本的问题都讲完了，接下来我介绍一下固安捷的总体情况。

固安捷作为一家外资企业，当时对中国市场做了系统的市场调研和战略规划，把当时在中国的扩张战略分为两个阶段：

第一个阶段是2007年到2010年，他看到了国内的MRO市场很大，然后就在长三角、珠三角、环渤海湾、上海、广州、天津建立了三个配送中心；固安捷其实规划是五到十个的，选点位置都已经确定好了，分别是上海、广州、天津或北京、西安、成都或重庆、南京或合肥。武汉或长沙还有福州，这种模式对物流管理资金区域营销要求都非常高，一般的企业是做不到的。

第二个阶段就是战略收缩，就是开着开着发现没挣到钱，没挣到钱就砍门店，最后仅保留上海店，中间其实裁员裁了蛮多的，在国内的情况最好的是2014年、2015年，2014年大概卖了2.6亿元，2015年就一季度盈利，因为在2015年之前投入比较大，所以基本上都是亏损的，综合毛利率在2015年的时候是35%~40%。

当时固安捷的团队在2015年最辉煌的时候有200多人，销售大概有不到60个人，仓库有90多人，采购有30多人，技术有6个人，一些配套部门主要是财务、IT和行政部门。

固安捷对内部主要实现类似于戴尔的基本管理方法，无论是供应链还是销售链，都保证每周有周会，每日有早会。内部的沟通由于当时没有社交软件，都是通过邮件或内部电话，一般是从八点半到九点钟开早会，周会一般安排在周五，虽然说有一些非常规范的管理制度，但由于业绩不好，所以2011年、2012年员工的流动率非常高，主要的流动原因也无非就是领导换得快，底薪并不高，提成拿得少。

固安捷在中国的6大类12条产品线，主要的产品包括电动机、轴承皮带、电器产品、照明、测试仪器仪表、手工具、电动工具、气动元件及液压泵管件和阀门、物料搬运、安全及防护产品、清洁用品、存储产品、包装产品、车间办公用品、紧固件、焊接刃具量具模具、车间化学品、智能、采暖、通风和空调设备产品。后面这12个大类扩展，维持7个大类，主要是增加了焊接、手工工具、物料搬运、安防电器。在2012年，固安捷也开始销售自营品牌的一些东西，例如紧固件的fabory，其自营品牌也有，例如手工工具、电动马达，还有个人防护装备。

在营销方面固安捷客户结构还是比较庞大的，在美国大概市场占有率为5%~7%。其实在美国固安捷最大的客户不是企业是政府，但是它在中国，80%的客户是外资企业，西门子、ABB、AO史密斯、施耐德、通用是固安捷比较大的客户，例如西门子一个公司，在国内十几个公司一年的采购额就多1000多万元了。

固安捷的客户一般年采购的次数不会少于四次，一般单次采购的金额大部分是在1500元到3000元。固安捷一般急件的价格比市面要贵10%，但他提供年度客户折扣，基本上固安捷不太提倡应收款账期，大客户还是有的，大客户账期大部分控制在30~60天。

固安捷的营销主要就是电话销售，官网其实销售量并不是很大，一些外销出场人员经常出差，主要是在苏州、无锡、常州及浙江等经济相对发达的地方跑业务。

固安捷的电话营销是做得比较严格的，一个月22个工作日，一个业务员一天要打70多个电话，好一点的业务员收入大概为9000~10000元，主要是靠提成，底薪是5000元，那团队负责人一半固定收入，一半浮动收入的，他们一般一个季度考核一次，达到考核目标的70%才能发奖金。

固安捷很早就洞察到电子商务，所以要成为网站的电子会员才能够进行采购，定制的产品必须先付款，而且还要客户签订免责协议。

固安捷在销售服务方面：

第一，做客户增值服务，例如2011年6月的时候，帮助神华煤炭，把原来的物资供应中心打造为超市化物资供应系统，能够输出管理方式。

第二，定期做促销，有时候促销的产品不一定是滞销商品，但是对起订数量有一些要求，并且七天无理由退货。

固安捷当时有一个800订购号码，通过这个号码，客户可以在7天内退货或者换货。固安捷基本上全部要求开增值税票，如果是客户原因导致的退换货，那客户承担运费。还有就是180天半年的有限质量保证，这是在行业比较有底气很独特的一个服务内容。固安捷也提供一些维修服务，我看到国内的MRO企业基本上做不到或者基本上没去做，哪怕后起之秀包括盾安供应链，基本上都没有去做一些很细致的运营管理的工作。当然客户如果对大家协商好的产品需要退款，需要投诉的话，固安捷也是有一些自己的渠道的。

那下面再给大家分析一下固安捷的采购和供应链：

第一，固安捷的产品经理和采购商务人员是分开的，保证每一个品类都有专业的产品经理负责，能够根据市场需求及时消化库存，那么议价人员专门负责商务对象即可。产品经理一般都是有技术背景的，像工程师来担任，主要的工作职责例如终端的维护，这个主要是刚进公司的产品信息专员去维护。

第二，帮客户代采购，例如做定制。

第三，负责品牌型号的确定。

第四，推荐一些高附加价值的产品给客户。

第五，配合公司的商务采购去开发供应商。

固安捷很早就把仓储搬到了上海松江的普洛斯物流园，然后在2015年就实现了全条码出入库。所有的取货都是根据客户订单的条码，叉车去扫码，扫码之后在货架上取货，上海仓库的面积有14000平方米，分成三个区块，大件、中小件、小件，条码系统就是WMS条形码编码的仓储系统，主要就是防错。固安捷仓库用的主要是装箱似的货架模式储存，除了个别比较大件的，例如大型塑料箱、大型塑料桶是单独区域摆放，其他都是用硬纸箱贴上条码放到货架上。一般仓库的总高大概在9米，货架的高度大概在7米。通常固安捷的仓库中午12点到晚上9点是包装工工作的时间，下午4~5点是物流公司拉货的时间，所以一般都是可以当天发货。固安捷的叉车员工主要是通过叉车来取货的，发货的时候固安捷全部提供印有固安捷logo的硬壳纸箱。固安捷的仓库系统是全封闭的，监控是实时连接手机的24小时高清摄像头。

物流方面，固安捷小件也会跟顺丰合作，还有上海本地有一些物流公司，例如新杰物流，发到陕西、新疆等相对偏远的地方。物流费用是分地区的，不同地区不同价格，然后物流管理主要是做商品的ABC类分析，再就是要做仓储费用分析，然后再做配送中心的选址和物流配套公司的分析，管理还是做得挺好的。

固安捷的网站板块包括首页、产品页、服务页、咨询页、新闻页、公司介绍页和联系方式页，然后匹配搜索功能，支持品牌型号的高级搜索。网站后台不仅可以进行产品更新，还具备流量分析、广告管理、在线数据统计等功能，CRM系统支持与客户的短信互动。顾客可以实现会员购物、预付款、会员积分、商品搜索、商品排行榜以及购物车等功能，还支持多种支付方式，例如银行卡汇款、货到付款、上门付款、支付宝等。配送方式也十分多样，支持快递、平邮、送货上门等。固安捷的网站也支持客户的服务，例如留言本功能、公告查看功能、团购订单管理、文章分类功能，应该说比目前我看到的很多国内的商务网站还有App，至少在全面性上是更胜一筹的。

2013年固安捷推出了基于iOS和安卓系统的App，虽然没有网站上内容那么详细，但基本实现了商品检索、在线销售和收款。

以上就是固安捷的简单介绍，那么固安捷在商业模式上需要加强的是什么？

第一，固安捷之所以在国内没有取得大的成功主要是因为运营成本太高，不论是人员的工资还是早期选址，以及费用控制方面，审批流程有点长，导致综合运营成本很高。

第二，从商业模式角度来讲，客户和营销两个方向都不够本土化，中国区的管理人员基本上都是集团指派的，缺少对中国本土市场的了解。内耗成本较高，商品价格和付款方式也没有竞争优势，当然这只是一些表象因素。

真正影响商业模式的关键瓶颈在哪里？主要从商业模式的五要素进行分析：

第一，定位问题。在中国比较容易成功的是产业垂直供应链的MRO，做全品类的一站式销售，挑战非常大。因为这十分考验企业开拓市场的能力、资金供应能力和企业的管理能力，所以固安捷的定位也许在美国是对的，但在中国一定是错的。截至目前，各垂直产业如电子、服装、钢铁等成功案例都已经出现了。成功没有统一的标准，但做全品类成功的，我目前觉得一家都没有。

第二，交易结构。商业模式主要是研究交易结构的，交易结构按道理来说应该覆盖ABC类客户，而不是仅仅只有AO史密斯、西门子、飞利浦这样的大客户，也应该有一些中等制造业客户和小型客户，所以固安捷在国内市场的客户结构做得不是很好，大型企业虽然对正品有要求，但同样对采购成本也有要求。国内其实有很多高性价比的供应商，固安捷总体上还是比较保守的，在供应链这一块外省的能力相对做得不够，所以好的供应商跟信息不对称，没有进入采购系统，那这些供应商不进来，固安捷B类、C类的客户需求，例如价廉物美的客户需求就满足不了，交易结构非常单一。坦白讲固安捷的模式在中国制造就是像咨询公司的模式一样，只给有钱人服务，只服务大客户，所以导致固安捷一直打不开局面。

第三，现金流。风控这一块固安捷是控制得比较严格的，基本上都是按照美国的要求来做。但具体问题具体分析，谁都希望自己的现金周转越快越好，谁都希望自己付款越慢越好，这个叫逆现金流的模式，在商业模式上典型的代表就是富士康。但是也不是说做生意光是追求现金周转速度，例如资产总量、销售规模、市场占有率也是非常重要的，一味地追求现金流，结果就是公司做不大，像现在这一轮疫情下，很多中小企业就面临着没有资产的痛苦，只有利润和现金流，没有资产总量，可能连六个月都撑不过去。

这就是中国跟国外市场环境的区别，国外也许有环境可以做小而美的公司在中国很难。因为在中国，如果没有体量优势，失去了政策扶持，银行的信贷支持也没有了，是很危险的。中国的融资手段其实很单一，所以我认为这是固安捷做得比较顽固的一点。

第四，盈利模式。工业品在盈利模式里面非常讲究QCDS，采购相对比较透明，硬要把价格加上去，不通过供应链金融去赚钱，仅仅依靠产品交易价格差的方式是很难挣到钱的。另外MRO一站式平台，通过服务挣钱至少在目前的中国还是个伪命题。所以MRO平台如果不做供应链金融的话，基本上也赚不到钱。

第五，资源能力。固安捷在国内始终没有进入政府采购市场，在美国的大客户是政府而不是企业。

所以，因为价值观相抵触，最终融入不了市场一定会被市场所淘汰。至少在中国，固安捷没有跟全体雇员共同成长的理念，非常唯业绩导向论，基本上所有人的岗位都有KPI指标，达不到就换掉。但招人并不能解决问题，因为不会解决问题的根本，换人也不是解决问题的根本方法，做得优秀的企业都是把平庸的人变成一个优秀的团队，把散沙凝成一股绳。

未来，MRO阳光透明采购是滚滚洪流，任何个体采购经理都无需螳臂挡车。中国制造业现已进入了设备需要保养、维修、延长工业装备寿命周期的阶段，所以从业者最好能适应并提高自身相应的实力。

美盛文化：掘金大IP

六年前，我走访了当地的一家制造业企业——美盛文化。当时很震惊一家做圣诞衣服的企业竟然上市了，而且还是在2012年就上市了，年产值已达十亿元。

当时刚好在服务一家企业叫春和集团，跟美盛文化一样也是做圣诞周边产品，年产值大概两亿元。

对比之下，美盛到底是怎么发展的？同样作为传统企业它是如何转型的？

美盛最早是做一些小物件，主要给英国、美国的外贸公司做OEM。后来企业的董事长赵小强先生开始接到一些比较稳定的大客户，例如美国的Disguise、英国的Christy等，然后就授权其做一些迪士尼形象的动漫服饰。

美盛2009年的销售额一亿元不到，到2012年上了中小板，在美盛文化上市之前是叫美盛服饰，因为主要就做两块产品：一是动漫和电影形象的主题服饰，二是传统的圣诞节、复活节的动漫服饰。

这个时候，美盛公司基本上99%都是做服装的，后台主要的生产流程就是生产服装，共有六个流程：

第一步，获取disguise美国公司每年六到七月份提供的产品平面样图；

第二步，在八月到九月的时候设计样衣，对材料、样式、颜色进行交互讨论；

第三步，在第二年的一到二月获得disguise客户的年度订单，达成初步的采购意向；

第四步，在三月获得disguise的正式订单，包括订单的价格、数量、款式；

第五步，在四到五月份组织原材料采购，最后在二季度和三季度之间完成产品的生产和交付。

上市之前，美盛服饰的淡旺季非常明显，基本上是秋天的时候特别忙，圣诞节一过完就进入淡季了。因为这跟它最早做欧美国家传统节日的服饰有关系。在这个过程中美盛拓宽了产品线，跟disguise合作主要就是因为其有大量的迪士尼IP的授权并委托美盛进行生产。

2012年是美盛服饰美食文化发展很关键的一年，这一年公司在中小板上市了。

上市融资之后美盛就开始了收购兼并这条新的企业发展的线路：

• 2013年5月，成立。

• 2013年7月，并购浙江缔顺科技有限公司。

• 2013年10月，香港美盛文化与荷兰公司S.B.SevenumB.V.签订《收购协议》。

• 2014年11月，公司与美国玩具商杰克仕太平洋公司合资成立杰克仕太平洋贸易有限公司，从事杰克仕香港指定产品的销售业务。同年，在上海成立杰克仕美盛贸易（上海）有限公司，主要从事授权产品的推广、销售，以及杰克仕香港指定专利产品的推广和销售，构建JAKKS授权产品推广营销平台。

• 2014年12月，投资天津酷米网络科技有限责任公司，布局动漫视频播放平台。

• 2015年4月，成立杭州美盛电子商务有限公司。浙江缔顺科技有限公司正式更名为杭州美盛游戏技术开发有限公司，并宣布全面进军手机游戏。

• 2015年9月，投资上海瑛麒动漫科技有限公司，布局漫画分发平台。

• 2015年11月，成立杭州美盛二次元文化发展有限公司；成立杭州美盛爱彼文化发展有限公司；投资广州创幻数码科技有限公司，布局AR/VR领域。

• 2016年3月，投资超级队长，布局VR落地应用领域。

• 2016年5月，投资、布局网络文学平台。

• 2016年12月，收购、打造星座超级IP，完善IP生态圈建设。

• 2017年3月，收购、完善以IP为核心的泛娱乐生态圈建设。

美盛收购兼并主要是完善IP为核心的泛娱乐生态，在美盛上市之后一路狂奔离不开两个人：董事长赵小强和总裁郭瑞。

截至目前，美盛公司有几个系列的产品，分别是：

动漫：出品国内首部原创美少女三维动画 、公司自主长效IP——《星学院》系列，以及《莫麟传奇》《莫麟传奇Ⅱ之远古神兽》《坦坦小动员》《爵士兔之奇幻之旅》等多部动画作品，多部获得国家新闻出版署“推优”，《爵士兔Ⅱ之永恒之曲》入围法国戛纳电视节（MIPCOM）青少年节目单元评选。

除动漫内容生产外，公司还布局动画播放平台 ，以及漫画分发平台——漫本App。其中酷米网致力于为中国孩子及家庭提供绿色健康、积极向上的动画、儿歌、儿童剧、养育等优质少儿内容及其他儿童相关服务，周平均访问量约500万活跃用户。

游戏：公司创作了多部如《梦回三国》《纸牌三国》《小小冒险村》等不同类型游戏作品，其中《纸牌三国》还曾获2014年中国“游戏十强”大奖之“2015年度十大最期待网页游戏”的荣誉。

公司投资的真趣网络，主要从事手机游戏的推广业务及移动广告发布服务业务，进一步补充完善公司文化生态圈的内容发行和运营环节。

二次元：在二次元领域，公司一直致力于打造以COSPLAY为核心的健康二次元生态，广泛涉及动漫、同人、展会、游戏等板块，旗下品牌包括悠窝窝和漫有引力COSPLAY服饰品牌、MI某某潮服、桂假发、兔魔王软妹服等。涉足二次元网络小说，布局国内二次元文学创作与阅读平台，丰富二次元产业布局。

衍生品：公司先后获得迪士尼、杰克仕的授权，是《魔兽》大电影官方玩具产品中国地区总代理，也是中国唯一的《魔兽》正版玩具供应商。生产基地位于经济发达的长三角经济圈——浙江新昌，占地10万余平方米，专注于迪士尼形象、电影形象、西方传统节日、国内COSPLAY动漫衍生品、非洲头巾创意产品生产。年产各类动漫服饰及衍生品2000多万套，出口欧美十多个国家和地区。

影视：在影视方面，公司出品了《超星星学园》《星座啪啪啪》等与星座相关的网剧。

自媒体：公司旗下包括星座自媒体，并布局自媒体运营平台。

新兴文化产业：公司积极布局VR体验与消费平台——超级队长、AR内容研发与分发平台——创幻科技。

2012年更名为美盛文化之后，美盛正式把战略调整为从一家OEM的服饰生产制造商转型为IP文化运营品牌公司。

董事长赵小强曾说过这样一句话："拥有IP并不难，难的是如何把IP变现。"为了变现，在自有IP之后，他又做了几个辅助的商业模式，顺其自然做了内容运营，这也是他投资动漫影视制作和手游公司的关键原因。

美盛跟其他公司不一样，非常注重自己分发平台的建设，无论布局哪一块的文化产品，都会建设类似于盛大文学或盛大游戏一样的分发平台，汇集买家和卖家的资源。

这也可以视为文化交易的平台渠道，然后就是新媒体运营和衍生品的开发。美盛为什么收购美国的玩具商杰克仕？原因就在于影视周边，所以最后一步自然而然要做O2O，线上销售和线下销售一样重视。

最后，是我个人对美盛商业模式的分析：

第一，美盛不容易，浙江新昌是一个非常偏僻的郊县，招人很难。但就是这个小县城却创造出了多家上市公司的奇迹。

第二，美盛充分掌握了公司生存的基因密码。《基业长青》这本书提到"公司的寿命如何经久不衰"时有一个非常经典的理论：公司的生命周期，实际上是由无数个产品生命周期构成的，所以做企业一定要与时俱进，有产品就一定会有产品的生命周期。当一个产品的生命周期进入衰亡的时候，要么改良这个产品，要么发展新的产品线。然后一代又一代的产品的生命支撑了一家企业的生命。

第三，企业为什么要上市？很多企业有不同的观点，但美盛给了一个最好的答案。美盛上市之后不仅是增强品牌背书，更主要的目的是融资，融资是为了投资。美盛自从进入资本市场，已经收购了大量的IP、影视、动漫、文化、玩具等公司。这也充分提醒了我们，产业发展的最高层次还是金融。

企业跟企业之间的发展模式确实各种各样，在2012年上市之前，美盛基本上都是靠一点一点地从做小件到做服饰，从做一家品牌的经销到做三家，从原先只做美国、英国扩展到全世界40多个国家，这种就是点状似的抛物线似的积累。

美盛在进入了资本市场之后就开始大踏步的兼并收购，几乎每一年都会收购三到四家公司。这充分说明，新的时代已经来了，公司也可以成为产品，利用资本的力量通过兼并、收购、控股甚至参股，促使公司快速发展。

第四，美盛不管怎样发展，始终没有偏离主业，思路是要打造文化产业的全产业链。其实从自有IP到最后的O2O销售，中间的每个过程，包括内容、分发平台等就是要打造一个完整的覆盖上游和下游一体化的生态链资源。为什么单纯做文化的人赚不到钱？因为做文化的不懂销售，做销售的不懂做生产，做生产的没有自己的IP和品牌。

第五，美盛现在需要打通的板块有很多。中国这两年著名的IP有喜羊羊系列和光头强系列，这是国产动漫质的飞跃，都是大IP。从最初的动画片，到贺岁电影，再到喜羊羊周边产品等都是基于一个IP延伸出来的盈利方式。虽然研发设计、销售推广很重要，但IP本身的爆红网络商业化属性设计，是美盛在未来发展需要特别加强的。

最后建议美盛进一步研究不同群体的不同需求，加大对细分市场的研究，掌握爆红流量属性背后的基本特征，清晰流量的触发机制，形成流量的自营销、自分发、自传播。

Netflix：我的竞争对手不是HBO，也不是迪士尼，而是你的睡眠时间

提到Netflix（译为奈飞），很多人都会想到自己看过的一些经典影片。无论是原创还是外购，奈飞产出的经典片子数不胜数，是一家自制内容加外购优秀制片的综合内容生产企业。

2018年，奈飞营收超150亿美元，估值高达1800亿美元，PE倍数大概是在260多倍，这是个什么概念？同期的谷歌、亚马逊PE估值都是在20到50倍，奈飞成为当时美国资本市场上非常成功的股票。

了解美国影视文化的人应该知道，HBO一直都是美国影视巨头，也一直在艾美奖上独占鳌头。2018年，奈飞在艾美奖原创内容提名获奖数量上已远超HBO，且有持续领先的趋势。

多年来，资本市场始终看好奈飞，原因就在于其极简的商业模式。区别于优酷、爱奇艺、腾讯等视频网站的商业模式，奈飞的盈利模式是没有广告这个板块的，只有一个单纯的数学公式：营业总收入=用户数量 ×

用户的付费，如图 8-2 所示。

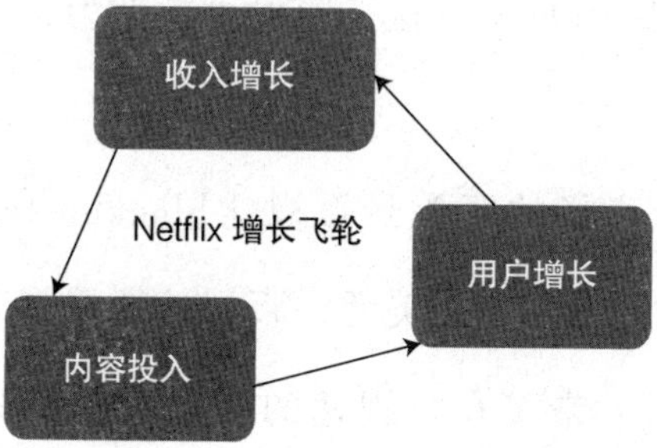

图 8-2　奈飞增长飞轮

作为一家不需要广告来盈利的内容影视文化公司，是如何做到成功的？其商业模式是什么？按其发展，可分三个阶段进行了解。

在分析奈飞的商业模式前，首先要对商业模式有些理解。很早之前，市面上关于商业模式的著作五花八门。但出现交易结构之后，商业模式成为一门区别于管理系统的经营方法论，包括六个要素，如图 8-3 所示。

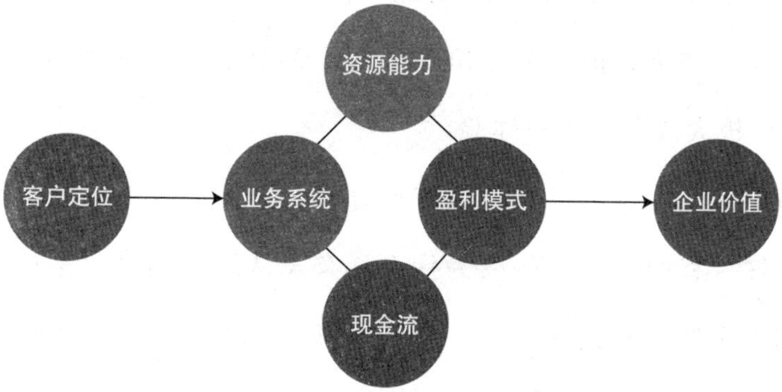

图 8-3　商业模式六要素

接下来，将围绕这六个要素，分析奈飞在以下三个时间节点上的商业模式的演进和迭代。

第一阶段是1997~2006年。这一阶段可概括为：奈飞用科技满足了客户的需求。

当时，美国碟片市场的巨头是百视达blockbuster。1990年，美国的录像带租赁市场就已超过100亿美元，百视达选择了开店，采用顾客到店自选碟片的租赁模式。奈飞在百视达的基础上做了两个改变：一是轻资产，不开实体店，进行网上租赁；二是顾客选购的碟片采用邮寄到家的方式。

在租赁的时候，奈飞会让用户一次性选择一到八张想看的碟片，在客户下单后再去进行碟片的制作邮寄给用户。所以，奈飞跟百视达的商业模式有很大的区别，没有房租库存占地压力，还可以提前预知用户需求，降低库存积压和资金。

在这一阶段奈飞就非常注重技术，推出了当时尚未普及的DVD。DVD并非奈飞原创，但从商业角度来看，DVD远高于传统VCD、VHS格式的画质，极大改善了用户体验。

2000年，奈飞推出了观众偏好推荐算法，类似今天的今日头条，聚焦用户喜好，有的放矢。所以为什么称奈飞从诞生就是一家技术公司？奈飞区别于传统影视公司，是一家“科技+文化”的公司，是一个新物种，从诞生之初就注重用技术提高用户体验。1999年，奈飞推出了“天幕计划”即消费者订阅付费模式。

以前的碟片市场，租一张碟片就付一张碟片的租金。但奈飞推出了包月业务，按月付费，月租赁数量不限，这对当时的顾客来讲，触动是非常大的。在第一个阶段，百视达的CEO也看到了奈飞创始人的动作。

奈飞CEO里德·哈斯廷斯，他首倡的订阅付费模式完美契合消费者需求，大大提高了用户的体验感和复购率。

百视达也看懂了这一点，于是开始模仿，但由于其还要维护庞大的线下店面的市场体系，转型难度大大增加。所以，当企业有了传统资产，创新转型成本也将大大增加。只有极少数的企业可以实现左手对右手的颠覆，例如腾讯用微信去革QQ的命。在2000年，百视达宣告破产。在这一阶段，奈飞通过技术和商业模式战胜了当时看起来不可能会被颠覆的竞争对手百视达。

第二阶段是2007~2010年。任何商业模式都非常强调资源能力，根据“魏朱理论”，关键资源的领先取决于外在的供应链和市场，而不是取决于企业自己。

在资源上，奈飞首先向知名内容生产商迪士尼等企业采购高质量的影视剧，采购价高达数百万美元，如表8-1所示。

其次，奈飞积极支持原创导演和知名导演的剧集，奈飞签约的部分知名制片人/导演如表8-2所示，签约金额有时高达数亿美元。最初奈飞关注的主要是上游的内容生产商和批发商。为此，奈飞在2008年关停了自己的内容原创部门。在扩展上游资源的同时，奈飞还积极拓展下游市场，同年推出了一款名叫“Roku”的机顶盒，风靡至今。

表8-1 媒体披露的奈飞部分原创剧集采购价格

剧名	主要制作公司	采购价格	单集平均价格（万美元）	第一季上映时间
《铁杉树丛》	高蒙国际	4000万美元一季，每季11集	363	2013年
《女子监狱》	狮门影业	5000万美元一季，每季13集	385	2013年
《纸牌屋》	MRC	6000万美元一季，每季13集	462	2013年
《马克波罗》	韦恩斯坦	9000万美元一季，每季10集	900	2014年
《超感八人组》	AnarchosProductions、JavelinProductions	1.08亿美元一季，每季12集	900	2015年
《奈飞漫威系列》	迪士尼、漫威	平均4000万美元一季，一共有夜魔侠、力量人、杰西卡·琼斯、铁拳侠和捍卫者联盟五部，共约60集	333	2015年
《少年嘻哈梦》	索尼影业	1.2亿美元一季，每季11集	1091	2016年
《王冠》	索尼影业	1.3亿美元一季，每季10集	1300	2016年
《怪奇物语》	21Laps Entertainment	第二季600万~800万美元1集	600~800	2016年
《十三个原因》	派拉蒙	6500万美元一季	500	2017年

来源：Screen Rant，CheatSheet，国企证券研究所。注，以上均为新闻中披露的价格，不是公司官方数据，实际成交价可能会有差异。

表8-2　奈飞签约的部分知名制片人/导演

制片人/导演	代表作	签署/宣布日期	是否独家	签约金（美元）	合约期
Matt Reeves	《蝙蝠侠》《猩球崛起》系列	2018年1月	第一优先合作	—	数年
Ryan Murphy	《美国恐怖故事》	2018年2月	—	3亿	5年
Shonda Rhimes	《实习医生格蕾》《丑闻》	2017年8月	—	数亿元	数年
Shawn Lewy	《博物馆惊魂夜》《怪奇物语》	2017年12月	是	数千万	4年
JantieFniese，Baran bo Odar	《暗黑》	2018年6月	是	—	数年
科恩兄弟	《米勒的十字路口》《冰血暴》	2017年8月	—	—	—
Steven S.DeKnight	《环太平洋：雷霆再起》	2018年6月	是	一年400万	数年
Kim Magnusson	《我杀死了巨人》《超科学怪鸡》	2018年5月	第一优先合作	每部电影预算200万~600万	数年

续表

制片人/导演	代表作	签署/宣布日期	是否独家	签约金（美元）	合约期
Adam Sandler	《精灵旅社》系列	2014年10月	是	每部4000万~8000万预算	4部电影
		2017年3月	是	—	4部电影
Alex Pina	《纸钞屋》	2018年7月	是	—	—
Mitch Hurwitz	《发展受阻》	2014年4月	是	—	数年
吕克贝松	《这个杀手不太冷》	2018年1月	—	每部电影预算约3000万	数年
奥巴马夫妇		2018年5月	—	数千万	数年

来源：Variety，Hollywood Reporter，国金证券研究所。

奈飞为其流媒体平台植入了超200多种互联网可视设备，包括电视、蓝光播放器、机顶盒电视机等。奈飞非常善于整合资源，区别于其他互联网影视公司，奈飞将自己的内容存储于专业的亚马逊云服务器。因为专业人做的专业事，亚马逊的云服务可扩展性、灵活性都非常强，为了提升流媒体的传输品质，给用户更好的体验，所以奈飞选择用比自己更优秀的平台存储内容。同时，奈飞还和美国电话电报公司AT&T、威瑞森康卡斯特时代、华纳等公司签订了宽带服务协议，极大缓解了内容的重复传输和高峰期的压力，减少对运营商网络的扩容需求，为用户带去了更加流畅的观看体验。

第三阶段是2011年至今，也是奈飞自身价值的增长阶段。在这一时期，奈飞对公司进行了拆分，将原先的DVD租赁业务外包给Qwikster公司，专注于流媒体平台的运营，转型非常彻底，其流媒体业务占比接近98%。

2010年，奈飞找到一名非常优秀的内容官叫泰德萨兰多斯，这次进军内容行业是奈飞关停原创部门后的首次重启。在20年的发展过程中，奈飞积累了很多人脉资源，开始着手自制影视剧和娱乐节目。除了一些常见的影视剧，奈飞的家庭娱乐节目也深受消费者喜爱。除了自己做内容，奈飞还大量投资获取其他公司制作的优秀影视视频授权。

那么，奈飞的商业模式究竟有哪些特点？笔者认为有四点。

第一，奈飞拥有一支非常稳健、专业、专注的高管团队。以CEO为核心的团队，多年沉浸在“科技+文化”影视行业，所以整个团队都保持了高度的稳定性，对内容有非常专业的判断。在发展过程中，奈飞除了在非常困难的时候裁掉了1/3的低效员工，其中高层管理人员也都非常稳定。

奈飞非常强调授权的重要性，类似部门经理的职位，都可以自行决定1亿美元的电影拍摄权。奈飞充分认识到了企业管理的重要性，从最早的人管人，到制度管人，最终又回归到人管人。因为奈飞觉得管理的最高境界就是员工的自我管理。

在非常稳健的核心团队的带领下，奈飞在招聘时更注重有才华的成年人。因为成年人首先得对自己负责，有责任心的人才会自我驱动，最终成为一个有才华且对自己有要求的人。对于那些目标不清晰、对结果不负责的人，奈飞坚决不予录用。在这样的用人制度下，奈飞的原创内容数量远高于HBO和迪士尼。因为其内部流程短、效率高且员工都是A+级人才。

第二，奈飞的商业模式不赚钱。2018年，奈飞150多亿美元的销售收入下，净利润只有12亿美元，收益率非常低，而且奈飞的负债率达到81%。为什么一家不赚钱的公司资本市场的PE倍数能达到260多倍？原因就在于其商业模式背后的逻辑，奈飞积极向国际市场拓展，其全球观众数量已达到近6500万人次。

商业模式里面有2B、2C、2G，还有一种是2VC。VC就是风投公司，他们真正看重的并不是公司利润，而是其成长空间。例如雷军，金山整个行业的市场容量才1000亿，但小米手机的市场边界要远远大于1000亿，这就是小米为什么能够快速被资本市场投资和估值的重要原因。

从理论上讲，每一个人都可以成为奈飞的用户。全球数十亿的人口基数，现在才6500万人，远达不到天花板的高度，所以这就是奈飞成为资本宠儿的重要驱动因素。

奈飞积极扩展英语系，尤其是英国、法国等文化国家的市场，包括印度在内的南非市场的拓展都非常迅速。在这个过程中，奈飞也曾有过失误，例如把9.99美元的订阅费提升为12.99美元，导致大量客户流失，虽然后来通过提升用户体验进行了弥补。

为了提升用户体验，奈飞提供完整剧集的播放，一次性投放完所有剧集，让用户熬夜也要把视频看完。从这一点来看，奈飞竞争的并不是迪士尼，而是用户的睡眠时间，为用户带去极致的观看体验。

第三，改善用户体验，这是奈飞区别于其他公司的关键点，从DVD租赁到包月租赁模式，再到完整剧集的投放，可以感受到奈飞在这中间付出的巨大努力。

第四，良好的企业文化。什么叫企业文化？即能够建立起员工自我认知、自我管理、自我价值实现的战略管理工具，这才是对企业文化最精准的解释。奈飞在强调授权的同时，也付出了巨大的试错成本。但其内部秉承的是一种投资理念，十个项目成功一个，一个项目就能够挣回100亿元。奈飞认为公司不是家，就是一个团队，要能者上，庸者下。

第五，奈飞长期坚持对研发和技术进行资金支持。奈飞每年对技术的投入都在8%~10%，如图8-4所示。

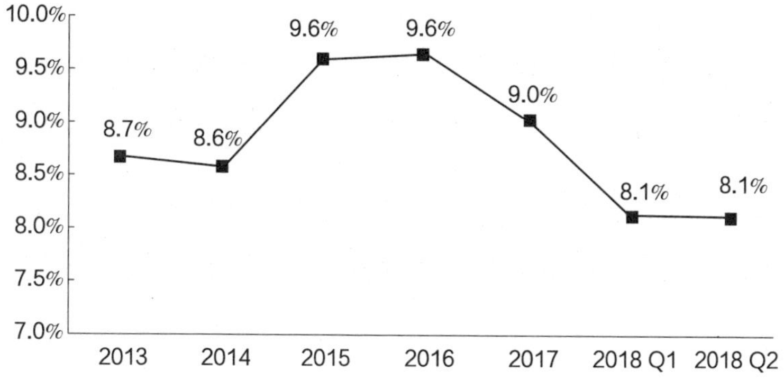

图8-4　近五年奈飞研发费用率（%）

来源：公司公告，国金证券研究所。

综上所述，每一次的失败都是技术造成的，每一次的成功都是商业模式造成的。

上岛咖啡：连锁加盟模式失灵了吗

上岛咖啡大概是从2019年8月，开始陆续关店的。

上岛咖啡是由一位台湾同胞创办的，1997年进入中国大陆市场，早期这样的咖啡店很受消费者欢迎。

20世纪90年代，大量的台商、港商涌入内地市场，带来了一批职业经理人以及独特的文化。当时的内地市场缺少可以聊天聊事情的地方，那么上岛咖啡就重点覆盖广东、江苏等地，其加盟店很快就发展到3000多家。

为什么上岛咖啡现在没有做好？综合我自己调研的，大概有四个原因：

第一个原因，内部股东的分歧、管理的混乱导致的。为了弥补内部管理混乱，每个股东都开了类似上岛咖啡一样的咖啡品牌店，进行新品牌的代理收费。这就是典型的跑路圈钱模式，因为品牌越多跑路圈钱的模式就越多。

第二个原因，连而不锁。简而言之，就是只管加盟，不管运营。

第三个原因，各地加盟商各自为政，将上岛咖啡肆意改为麻将馆、餐饮店等，已完全偏离了品牌定位的初衷。

第四个原因，上岛对品牌形象的漠视，很多加盟商变相圈钱跑路，创始人和总部对此不闻不问，导致消费者对品牌失去信任。

上岛没有经营成功，那么现在这个市场上还有没有经营成功的？有！喜茶。

喜茶的老板是江西人，最早叫皇茶，后来拿到融资改名为喜茶。上海人民广场店的营业额一年有2700万元，一般的店的月营收也有100多万元，门店面积大部分都在30~50平方米，利润非常高，性价比也很高。

喜茶跟上岛咖啡的第一个区别，就是在顾客精准定位这一块。上岛的目标顾客是商旅谈判、出差的商务精英人士。但由于运营管理跟不上经营，导致加盟店混乱经营，失去了原来积累下来的客群。

喜茶做得比较好的地方在于，定位清晰：16~25岁的年轻人。这一部分人非常强调性价比。首先口感要好，然后价格稍高于普通饮品店，再加上网红经济的营销，喜茶本身的设计元素年轻人也非常喜欢，最后用个人感知、企业营销再到口碑裂变这种线性传播的方式，实现了品牌的快速变现。

而上岛咖啡在后期已经忘记自己是做咖啡的了，产品线延伸的越来越宽，导致供应链越来越复杂，集团本部又没有中央厨房也没有集采的优势，导致单店经营的复合成本非常高。所以上岛咖啡定位是模糊的。

第一个区别，喜茶一直清晰自身定位，并没有想着延伸覆盖更多年龄层，一直坚持做年轻人定位，所以品牌很多文案、设计、自媒体、两微一抖的推广都是根植于年轻人的文化。

第二个区别在于成本结构，商业模式一直讲成本结构，喜茶店面是比较小的，功能是外送的Takeaway，星巴克创造所谓的第三空间其实根本不重要，重要的是星巴克、麦当劳、肯德基强调外卖Takeaway的模式，而且套餐更简单。因为咖啡在西欧、美国的消费习惯是一天可喝无数次，外国人可能一天之内就能喝四五杯，中国人一年才喝四五杯，所以它是一个重度消费的单品。而且套餐非常简单，喜茶也秉承了这个理念，所以产品简单，房租也少，相对来说中央厨房又集中采购，成本得到控制。上岛显然还是比较落后的商业模式。

喜茶也好，瑞幸也好，它们都拿了融资。例如，喜茶最早是拿到了美的的投融资，后续美团资本也投了，那么它可以获得很多资本之外的线上引流数据。反观上岛，一直都没想过线上跟线下的融合。

接下来我要对比的是瑞幸跟上岛，我跟大部分人看法不一样，我觉得瑞幸的商业模式是非常可取的，并不是说因为瑞幸最近出事了就一概否定、全部诋毁，瑞幸的模式好就好在它用App替代了传统的点餐模式，这样做的好处是：所有的订单能够节省店面人员的时间，例如以前的传统咖啡馆，要人工去点菜、人工去收款，那你就要增派这样的岗位，花人工钱，而且效率还不见得很高。瑞幸从App下单就节省了成本，其实瑞幸根本也不是想节省这点钱。每一个门面的订单可以精准地锁定用户，例如用户经常来的收到的券是3.8折，如果你不经常来的，我就给你1.8折诱使你再来。

它可以做到海量的数据一对一，千人千面的精准化推送，比这一点更重要的就是瑞幸在国内是真正把业务中台打通的一家企业，把后台咖啡的主要原料采购跟前台的数据完整的做成生态，就是数据打通了，各个门店的数据会自动汇总到系统平台，系统平台会根据订单去做规模预测，然后去采购一些主要原料，甚至为了把这一点做精准。瑞幸会把仪器做很多物联网传感器，例如温度计，如果机器坏了那么机器会直接报警到区域总部，区域总部会第一时间派出工程师来维修机器，这样就减少了单店的顾客等待时间，提高了单店的运营效率，也就相当于提高了单店的营业利润。

这也不算瑞幸最好的商业模式，瑞幸最好的商业模式就是不依赖于店长。传统开店为什么开不起来？就是店长！人是最难标准化的东西，所以瑞幸就看到了这个点，尽量不依赖于店长来开店，所以就通过App点单然后自动化仪器、熟练的操作工分段执行SOP标准，所以瑞幸虽然是通过“烧”钱来开店，但是能够短短一年半时间在中国开4000多家店，这也不仅仅是资本可以完成的，这就说明瑞幸的商业模式通过数据来整合是能够走得通的。

那么，接下来是星巴克跟上岛咖啡之间的对比。星巴克原来商业模式就是从麦当劳里面想出来的，它把自己定位一个第三空间，第三空间是什么意思？就是麦当劳、肯德基、汉堡王吃饭的这些人，都是快餐文化，环境乱糟糟的，来麦当劳吃主要就是饮食为主，但是到星巴克这边就是到这里是来放松的、来谈事情的，刚好欧美也有这种午后喝咖啡、早上一杯咖啡的习惯，那就提供一个相对清爽、安静优雅小资的场景。星巴克还有一点做得非常好，在很早的时候就鼓励做外卖，推Takeaway，其实任何咖啡只要上了五块钱都是挣钱的，做咖啡的人都知道五块钱的咖啡都已经是顶级的咖啡了，那么星巴克一份咖啡的价格就是一个麦当劳套餐的价格，所以毛利非常高，星巴克在全球大概开了13000多家店，大部分都是盈利的，主要是高毛利，那星巴克为什么不下沉到三四线市场甚至五六线市场？主要就是它看到了消费升级是有过程的。但是上岛就不是这样了，上岛在一二线市场开始出现各种消费纠纷时，就使劲把品牌加盟模式往五六线去拓展，坦白来讲就是圈钱，就是把第一笔30万加盟费和一年的5万~6万管理费给收掉。

但是你说上岛咖啡的总部给上岛的门店带来什么？星巴克、7eleven、喜茶至少是有中央厨房模式，会集中采购、集中供应，对商品的品类是有分析的，对客群是有分析的，然后用数据去指导经营，更不用说瑞幸了。所以星巴克只是提供部分的场景，主要还是依赖于咖啡文化。当时瑞幸的钱治亚就是看到这个巨大的商机，想用饱和攻击的方式替代掉星巴克，瑞幸用密集网点生根把星巴克的市场给缠死。

对比完喜茶、瑞幸咖啡、星巴克，有以下几个想法跟大家分享：

第一，创业的初心到底是什么？创业的初心到底是给别人喝一杯好咖啡，一个好的饮品，一个谈事的环境，还是你真的是想圈钱？初心对一个生意做大也许没有影响，但是对一个生意做长久是非常有影响的。我国台湾跟日本的文化很靠近，但是台湾很多的品牌做着做着就没有了，包括之前的赛博数码广场。我也在思考台湾跟日本之间的差异，日本人是从内心相信给顾客带去价值，所以日本有很多百年的品牌，台湾就非常少，其实技术可以学，食材设备可以买，但双方真正的差距在于日本企业的表里如一，坚持给客户带去价值，深耕自己的定位，客户会获得长久的回报。但大部分台湾同胞做惯了代工模式，然后全球到处出差，挣一些短频快的钱。

第二，变化才是永恒的主题，唯一不变的就是变化。任何的经营管理行为都要跟上时代的进步，瑞幸、星巴克、沃尔玛都在打通线上的数据，用数据来管理供应链，用数据来管理C端消费者。对于这些，上岛咖啡都不为所动，一心一意做连锁加盟。其实连锁加盟这种商业模式本身是没有错的，因为如果不依靠连锁加盟，一个餐饮店怎么可能在短时间内做到遍地开花，形成规模优势？错的不是这种商业模式，错的是运营的人没有去优化这种商业模式。在20世纪90年代甚至到2000年以前，上岛都是有竞争力的，哪怕有那么多模仿者和竞争对手，但到了移动互联网时代，上岛不再去洞察新消费者的需求、探索O2O的习惯，而原来的那一部分消费者，已经迈入了人生另一个阶段。

第三，任何时候商业模式都要讲定位，不管你怎样架构后台的产品，做哪种增值模式，但不要忘了你定位的最初的原点，你是做咖啡的！所以这就是上岛没有做好的一件事情，失了本心。

最后我想告诉很多由中小企业向大型企业发展的公司，业务在一开始的时候是非常依赖于市场经营，但到后面一定是靠管理的。

我对那些割裂管理谈经营的是相当不认可的，其实一个公司做不大，往往不是说你的经营能力不行，只要你能存活下来，说明这个企业都是有强大的经营能力。例如做市场供应链整合的能力，但是为什么你一直做不大？就是因为后面的组织管理相当混乱。上岛发展到后期加盟供应链、管理、营销推广根本没做任何事情，股东还搞内讧，这么混乱的一个后台怎么可以支撑这么庞大的3000多家连锁的持续运营和发展？所以说一个生意要做长久，其实最后是靠运营并不是靠营销。

最后一点，品牌的信仰，企业过多的把赚钱作为最高目标，这样往往就会觉得越来越空虚，就觉得没有任何价值，但是如果你把品牌做成经营的最高目标，那么品牌的价值不仅是能够让你挣到钱，产生溢价或者降低供应链成本，而且能够让你受到他人的尊重，贡献社会价值，这样经营的人才会有恒心去做这样的一个事业，这就是我国台湾文化跟日本文化本质的区别。所以说做品牌一定是一个企业长期的最高的诉求，如果天天把赚钱当作自己的最高诉求，那一定不会取得最终的成功。

GE：产融结合全球标杆

做生意最讲究虚实结合，就像一个水杯，如果构成杯壁的是纸或塑料，也就盛不了水。所以做实业是必需的，但如果杯子中间不空，也装不了多少水。纵观世界500强企业，产融结合是标配。GE中文名字叫通用电气，企业成立初期主要就是做电灯泡，然后是各种家用小电器，最后才开始做大型的工业件。

1981年，GE迎来公司发展史上一个标杆性的人物——杰克·韦尔奇。杰克·韦尔奇担任了GE1981~2001年的CEO，为通用做出了很多贡献。例如末位淘汰制，九宫格的业务战略选择，以及要么数一要么数二、要么退出等理念。也正是杰克·韦尔奇，让GE公司的金融业务板块发扬光大，从市值几百亿达到几千亿。但杰克·韦尔奇对通用最大的价值并不在管理也不是业务战略，而是让通用的实业和金融实现了产融结合。

GE大概在20世纪30年代就开始做供应链金融，当时主要是给自己的供应链和客户提供贷款。因为GE作为大型公司，能从银行获得较低的资金成本，然后放贷给那些业务相对稳健、也有利润的产业链伙伴，通过利差来获取金融板块的利润。但这个时候其金融板块的体量并不大，依旧是以服务实业为主。等杰克·韦尔奇接手的时候，GE其实存在大量的问题，例如业务繁杂、很多战略经营单位业绩并不突出。对此，杰克·韦尔奇把GE近六十个产业直接去掉了2/3，只保留了十几个行业，旗下企业也只保留了在业内数一数二的控股或参股企业。同时，杰克·韦尔奇抓住了20世纪80年代美国资本市场的商机。对此，他说了一句非常经典的话："时代给予的机会一定要牢牢抓住"，因为时代过了，机会也就过了。

当下，有部分人以GE在2015年之后弱化金融板块为由，来批判杰克·韦尔奇。对此，我认为公司是动态发展的，唯一的不变就是变化，一个公司在不同阶段会有不同的业务选择，不是当事人不好做过多评价。

在1980~2000年，美国市场无论是道琼斯还是创业板纳斯达克发展都非常迅猛，市值翻了很多倍。杰克·韦尔奇趁这一轮东风，以实业为基础加杠杆从银行、信托、保险、基金获得了大量低成本的资金，于是GE不再止步于飞机发动机的分期付款，开启了消费金融板块。

至此，GE正式成立了金融部门，英文名称是“GECC”（即GECapital）。顶峰时期，GE在杰克·韦尔奇带领下，总市值达到了6000多亿，仅金融部门贡献的利润就超过了51%，远超其他业务板块。

杰克·韦尔奇过世的时候，GE乃至整个美国企业界都一片默哀，因为他可以称之为是全球顶级的管理大师。

那么，我们来分析一下，杰克·韦尔奇为什么要做产融结合？怎么做的？这种操作方式可以给中国企业尤其是集团化企业做产融结合带来哪些启发？

在回答上述问题之前，我们先回顾下GE近些年的情况：2008年全球金融危机，GE的金融业务部门给集团贡献的利润只占到GE集团总营收的15%左右；2015年，现任CEO提出了一个回归制造业的概念，聚焦高端制造业，加大对医疗部门、航空部门的投资，然后主要发力工业互联网，关停原先的小额贷款、融资租赁等金融业务，回笼资金主投高端制造业，但GE并没有完全取缔金融板块。

回到上述问题，杰克·韦尔奇为什么要做产融结合？

中国股票市场刚刚起步的时候，有一家非常有名的民营企业叫德隆集团。当时德隆的老板找到了美国知名咨询公司麦肯锡和罗兰贝格，两家咨询公司都一致认为德隆要以实体为依托，借助金融杠杆快速收购行业头部企业，然后包装上市，利用上市的杠杆垄断行业价格，以此获取巨额利润。最后的结果是，德隆与乐视一样，由于资金链断裂而不了了之。

很多人认为德隆当时的行为过去投机，但从前期咨询公司的花费上，就足以看出德隆并非简单的投机主义者。

这也是杰克·韦尔奇把GE这艘大船带上产融结合的关键原因之一。因为他也想形成行业的垄断利益，收购行业头部企业，掌握定价权，避免企业间的价格红海竞争，然后利用自身的垄断地位控制市场利润。

其次，从当时的背景分析。股东对业绩非常不满意，实业虽然稳扎稳打，但无法实现业绩每年都翻番。于是迫于现实的经营压力，加之杰克·韦尔奇也是战略高手，喜欢高举高打，不喜欢小步快跑，这也是其产融结合的现实原因。

然后是美国当时的大环境影响。20世纪80年代，资本市场增速迅猛，杠杆行为到处都在加杠杆。坦白讲，商人就有商人的本质，灵敏和活跃度高，不能得大公司病，不要动不动就用匠心把自己困住，结果钱都让别人给赚走了。

那么，杰克·韦尔奇怎么做产融结合的？

首先，核心的供应链金融。杭州的中大物产就是做供应链金融的，中大物产发现杭州乃至浙江，很多企业都有大量库存，这些存货在半成品仓、原材料仓甚至成品仓的时候，企业没有产生任何现金周转。制造业企业本就利润薄，因为下游客户赊销上游原料的又得现金支付，所以产生了巨大的经营困难。于是中大物产创造了金融杠杆，企业的业务订单可以作为质押物，借此获取短期的金融资金。现在国有企业把这种产品称为纾困基金。因为中大物产能够从银行拿到低利率的资金，通过这种方式，中大物产实现了金融收益。

为什么中大物产能拿到这个资金？因为他是3A级信用企业。就像GE当时的杰克·韦尔奇坚决淘汰不是3A级信用的合作伙伴，因为这会影响其信用；其次中大物产是国有企业，通过财政空转，大型企业、财政部、银行形成稳定的战略关系。

熟悉美国经济的人都知道美国的金融体系，只有美联储是国家的，其大型的商业银行都是私人银行。这些商业银行主要也是服务于企业的，GE这样的公司就很受欢迎，因为体量大、风险小，银行或投资机构基金还能获得更大的杠杆利差。

其次，做法，杰克·韦尔奇提出了泛金融，就是延伸到消费者的消费金融。不管国家发展到什么程度，吃穿住行永远是刚需。2020年疫情影响，大家之所以困难不是因为手里没现金，主要还有房贷、车贷要还！所以，杰克·韦尔奇当时抓住美国人快速置业的行情做了大量的消费金融。

杰克·韦尔奇的第三个做法，就是后来被人诟病的影子银行。通过信托这种形式放了更大的杠杆，例如债务的再重新融资，当然这个是值得诟病的。但人要跟着形势走，时也命也。德国企业为什么会被中国企业收购，因为在资本面前实业是很脆弱的。但大家都明白没有制造业、没有实体是没有未来的。所以，制造业跟金融并不矛盾，可以让金融做翅膀，以制造为本，让金融为制造服务，以制造为核心，中学为体西学为用的思路才是正确的，不能一味地强调实体，也不能一味地强调金融。

通过金融跟实体相互赋能，所以GE获得资金就越来越容易，一些非常出名的国际评级机构在将近20年里都给了GE3A级的评级。

最后，GE的产融结合对中国的企业集团或想快速成长的中小型企业有什么启发？

第一个启发是对央企和地方国企的启发，央企和地方国企掌握的是服务性产业，很多产业都不挣钱，如果不用金融来弥补利润和现金流的话，绝对要亏损。

第二个启发是对中国的民营企业集团，其实中国近些年诞生了一些非常大型的民营企业集团，例如海航集团、明天集团、安邦集团、德隆集团，都是万亿级别的大鳄。大家都做了产融结合。

很多中小型企业之所以没有转型，是因为对金融太陌生了，连企业的三张表都看不懂，更不要谈金融了。很多人都说企业做大了才能做金融，这种观点是错误的。民营企业集团一定要明白，在特色社会主义市场经济条件下，如果你不能快速获得金融资源，企业竞争力是不强的。

第三个启发是企业的业务战略要有更大的视野。实体永远是本体，美元金融体系下的南美经济被美国收割得一塌糊涂。无论是巴西还是阿根廷都沦落为发展牛肉产品。中国是大国，大国要的是全面性领先，好多领域都要有产业的核心闭环，不能被实业卡脖子。以实体为本，金融为用的中学为体西学为用的思想，一体两翼才能够蒸蒸日上。

我也推荐大家多去买一点GE的书，平时也多交一点金融方面的朋友，尤其是供应链金融。一个人快速获得行业知识结构的方法就是与这个行业顶级的人做朋友。

博威合金：利基战略的践行者

博威集团是一家上市公司，2019年的营业收入是76亿元，净利润是4.4亿元。这个利润率相较于其他产业是比较低的，但在铜加工材料行业，同类型企业的利润率基本只有1%~2%。

那么，博威合金为什么可以远超同行？即“利基战略NicheMarket”，英文释义：大企业看不上、小企业做不了的市场。

博威合金的客户涉及三十多个行业，产品包含十七个类别，按金属成分划分，又可细分为100多个牌号。其产品主要应用在5G设备导热、电脑硬件、精密模具加工等领域。除此，博威合金还涉及新能源产业。

综合来讲，博威合金聚焦的领域基本都是一些“大企业看不上，小企业做不了”的市场，在此基础上，贯彻企业“专、精、特、优”的产品理念，加大研发投入，再利用成本优势颠覆原有行业生态。

博威合金究竟是怎么做到的？

1.重视市场调研

博威合金是国内铜加工行业里少有的重视市场调研的企业。企业很早就建立了市场调研部门，且研究方法非常独特。首先，他们会根据海关编码分析进出口产品，判断是否有机会，用国产优势替代国外价格高昂的材料；其次，他们有专员负责跟踪500强相关制造企业使用的铜合金材料。因为他们坚信跟着500强客户走，产业方向基本是不会有太大偏差的。

博威合金的市场调研是讲实物、实证、实访的。例如电机，会对电机里面的材料进行分解，而不是只做案头研究。实证、实访是指大量的一手研究，不是根据别人的财务年报进行相关推导，而是对产业链的企业逐家进行走访。所以其市场调研相对扎实，用一个不恰当的比喻，博威合金的研究团队就像猎狗一样，寻找适合的利基蓝海市场。

2.重视研发创新

博威合金是一家非常重视研发的企业，新中国在“一五”期间建设了沈阳铜加工厂，同期也对河南的洛铜进行了大量的项目地建设。加上国有体制的原因，吸引了很多专家加入，博威合金也抓住这一黄金时机，引进了很多资深专家。在博威合金，研发人员在已经立项的课题里拥有项目实证方法、经费的自由，以及高于行政的指令权利。当行政指令跟研发的业务指令产生冲突时，行政指令要服从研发的业务指令。

3.生产实现了高标准的多品类覆盖

博威合金原来只做棒材线材，上市后增加了板带材，截至目前，博威合金除了管材不能做，已经实现了多品类的覆盖。正所谓，好的生产离不开好的设备。博威合金很早就斥资购入德国装备，内部甚至曾配套专门做专机研发的公司。除此，博威合金在设备制造机电方面拥有一批非常优秀的人才，也可称之为“怪才”，因为有些人虽然不会用电脑，但其手画图非常精巧，或许缺乏理论知识，但成品工艺却不输德国制造。

4.注重产业链营销

博威合金非常关注行业应用趋势，积极试水5G技术，配套了大量航天航空、军工等行业的关键材料，因为这类客户往往非常注重产品的性能，对价格反而不太敏感，所以博威合金对产业链的定位十分精准。例如5G通信设备里的均温板，由于新手机的电池扩大了，所以压延铜箔就要减重。这些需求的提出，离不开销售对客户的沟通、产品打样的跟进。

所以，中小企业究竟该如何使用利基市场的战略？可分三步走：

第一，差异化定位。避免跟行业垄断企业正面竞争，差异化挖掘客户，将产品价值点定位在竞争相对较少或更细分的领域。

第二，重视市场调研。很多企业都期望将钱花在刀刃上，直接请咨询顾问得到最直观有效的结果。但这恰恰忽视了制造业的专业属性，不是依靠顾问通过一两个月就可以实现的。咨询顾问最有价值的工作就是帮你对市场进行分析。做利基市场，一定要有很高的性价比优势。

第三，提高准入门槛和自身技术壁垒。企业可以将资金投入在设备和更高水平的研发人员上，打造企业自身的产品和技术壁垒。博威合金的产品不仅供不应求更难被模仿。除了提高准入门槛和自身的技术壁垒，还可以不断获取更高水平的行业资质，抑或寻求更高水平的合作伙伴，例如500强企业等，虽然合作门槛高，但优势也是显而易见的。

在如今消费降级、地摊经济、直播带货等比较艰难的市场环境下，所有人都在抱怨没有机会，但博威合金却实现了逆势增长。日前，浙江省省长袁家军先生还考察并点名表扬了这家企业。

综上所述，人才的正确、模式的正确、资金使用的正确和管理的正确都有个大前提，就是战略的正确。利基市场对于想要成为瞪羚企业的小企业具有很好的实战借鉴意义。

后记

20年的一线市场走访，不觉脚跟已是老茧斑驳，跟腱也是这两年不适。出差路途总是捧书嗜墨香，如饥似渴。践行“读万卷书，行万里路”，做一个知行合一的行者。

今天做企业的困惑是什么？

做企业挣不挣钱只是结果，经营长不长久也是结果，关键在于过去的经营方法管不管用？

好生意需要三好：好产品、好团队、还要有好的商业模式。数字化时代，企业核心竞争力到底是什么？任何企业无非是通过价值交换来维系组织生存与发展，只不过以前靠产品，现在还有了平台、生态；只不过以前靠渠道，现在靠用户和社交网络；只不过以前靠供应链和管理，现在靠共享模式和敏捷性转型。

当时代通过资本+技术产生剧烈变化时，随着发展中国家崛起，国际利益格局嬗变，复杂的外向型贸易势必受到来自政治力量的干预，企业如何在逆境中破局？

透过现象看本质，企业困惑的不是市场，不是产品和团队，更不是供应链及资源，而是技术迭代发展，国际关系逆变下，国内消费结构变化下，商业模式的变革！

模式不对，资源无法变现。道理很简单，如果说改革开放也是一种模式的话，没有改革开放，中国还是这方水土，还是这些人，但经济发展在改革前后天差地别。所以企业家对经营的困惑，关键在于商业模式的建设及优化。

新技术和商业模式如何关联？

ABCDGI,分别是指AI（人工智能），区块链，云，大数据，5G及物联网等，这些技术有的已经影响了生产与生活，而5G、区块链及AI正蓄势待发。

技术会扭曲商业发展的曲线，使得原本螺旋型上升的商业发生折射和异变。数据成为电一样的生产要素，激发商业模式的创新及改良。比如正是因为有了LBS（基于地理位置的搜索及服务）技术，才有了美团，滴滴等新商业物种的产生。

现在的技术发线性发展的产品价值的降维打击、破环，从而改变了既有商业格局。

延续性技术与破坏性技术的特征对比如表1所示。

表1 延续性技术与破坏性技术的特征对比

特征	延续性技术	破坏性技术
效能	推动产品性能的改善	至少在短期内导致产品性能降低的创新；破坏性产品的性能一般低于主流市场的成熟产品
受众	主要市场的直流消费者	边缘消费者或新消费者
切入点	受众一直以来看重的性能层面	受众看重的非主流特性
表现形式	既可能是突破性技术，不连续性，也可能是渐进性技术	破坏性产品通常价格更低、性能更简单、体积更小、更方便使用
对企业的效应	最具突破性最复杂的延续性技术也很少会导致领先企业的失败	会导致领先企业的失败
竞争特质	追求比竞争对手更好的产品，以获得更高售价和更高的利润，导致过度满足市场需求——超出消费者实际需求或最终愿意的价格	目前性能低于市场的需求，但日后会发展为同一市场上完全具备性能竞争力的技术

新思维催生新商业么?

如果没有“时－空－关”思维，就没有盒马鲜生。传统零售选址都是基于物理空间，但盒马线上下一体化是糅合了时空关系，从而在激烈渠道竞争中快速占有市场，这就是挖掘了时间属性价值并将时空关系重新组合，创造了新零售商业模式。

由此及彼，B2B完全可在供应链端整合物流、金融并共享生产、外包组织，把重资产变轻，提高企业竞争实力。新思维催生了平台模式、生态模式，也让传统敏捷转型。

“三大流”效率影响商业么？

产品流、资金流、及信息流是商业的基本法则。连接是互联网商业模式的本质，垂直共享是平台打造产品的利器，供应链和消费金融是资金流掘金的法宝。

传统生意也包括三大流，关键在于提升三大流的效率，比如互联网卖空调，让奥克斯在红海市场里切到蛋糕，奥克斯去中介化不仅是提高效率，并且降低了消费成本。

就在我书写本书时，企业正面临新冠疫情影响，国际贸易关系恶化的不利局面，企业如何逆境中求变？自然需要商业模式来破局。我之所以从案例复盘角度书写本书，就是从商业模式角度，帮助企业探寻经营的解决方案。

唯愿自己的微薄之力，能助力中国产业之发展。